卓有成效的企业战略管理

13条商业规律打造企业战略能力

王磊　夸克书院　著

中国铁道出版社有限公司
CHINA RAILWAY PUBLISHING HOUSE CO., LTD.

图书在版编目（CIP）数据

卓有成效的企业战略管理 / 王磊，夸克书院著 . —北京：中国铁道出版社有限公司，2024.4
ISBN 978-7-113-30913-8

Ⅰ.①卓… Ⅱ.①王…②夸… Ⅲ.①企业战略 – 战略管理 Ⅳ.① F272.1

中国国家版本馆CIP数据核字（2024）第009667号

书　　名：	卓有成效的企业战略管理
	ZHUOYOU-CHENGXIAO DE QIYE ZHANLÜE GUANLI
作　　者：	王　磊　夸克书院

特约策划：	王若妍		
责任编辑：	马慧君	编辑部电话：（010）51873005	投稿邮箱：zzmhj1030@163.com
封面设计：	夸克书院		
责任校对：	苗　丹		
责任印制：	赵星辰		

出版发行：	中国铁道出版社有限公司（100054，北京市西城区右安门西街8号）
网　　址：	http://www.tdpress.com
印　　刷：	北京盛通印刷股份有限公司
版　　次：	2024年4月第1版　2024年4月第1次印刷
开　　本：	710 mm×1 000 mm　1/16　印张：16.75　字数：261千
书　　号：	ISBN 978-7-113-30913-8
定　　价：	75.00元

版权所有　侵权必究

凡购买铁道版图书，如有印制质量问题，请与本社读者服务部联系调换。电话：（010）51873174
打击盗版举报电话：（010）63549461

序 言

当下这个时代，一切事物都在以肉眼可见的速度变化，科技日新月异，经济全球化也从未停歇，商业市场就像是一个大染缸，每天都在变换着色彩。面对这样一个飞速发展的时代，我时常在想一个问题：究竟怎样的发展道路才真正适合中国企业呢？

之所以经常会思考这一问题，与我自身的经历是分不开的。清华毕业后，我怀揣着成为一名生物科学家的梦想，并坚信掌握科学技术知识是通往成功的关键。然而，命运却带我走上了另一条路。在宝洁的岁月，我从热爱生命科学的研究者转变为市场与管理的研究者，由此开始了我的管理之旅。在此过程中，我深刻体会到宝洁的成功并非偶然，而是基于对某些核心规律的深入理解和应用。

离开宝洁后，我便踏入了企业咨询领域。在与众多企业的交流中，我发现那些真正成功的企业，都是因为掌握了某些关键的规律，并据此制定战略，才能在风云变幻的市场中立于不败之地。而那些没有取得成功的企业，往往都将目光局限在追求短期业绩和快速回报之上。它们投入了大量资源制定各种营销策略，试图在短时间内抢占市场份额，但因为过于注重短期利益而忽视长期战略规划，使得这些企业在市场竞争中失去方向，甚至错失了更大的发展机会。

还有部分企业，虽然早早认识到了战略的重要性，但在面对复杂多变、充满不确定性的市场环境时，却不知如何着手去制定有效的战略。它们试图寻找一种能够指引企业稳健前行的战略方法，却发现大多数现有的战略方法都基于对未来的不确定预测，是围绕机会制定的战略。这些所谓的"机会战略"往往只关注眼前的机会，而忽视了企业自身战略能力的打造。这种战略方法将企业的命运寄托于时代、寄托于机遇，很容易导致企业在未来的市场竞争中故步自封，失去竞争优势。

相比于前些年，近年来的市场竞争激烈，别说那些刚刚进入成长期的企业，就连已经在成熟期摸爬滚打多年的企业，也不知道如何确保自身屹立不倒。在我看来，面对不确定的未来，企业不应过于依赖对未来的预测，而应该更加注重去掌握那些成功企业都遵循的规律，结合市场和自身的实际情况，打造企业的核心能力，制定出真正适合企业的能力战略。只有当企业具备了强大的内在能力时，才能够从容应对各种外部的挑战和变化，确保自身的长久发展。

从事了多年的管理和顾问工作，我深刻地感受到了一些企业所面临的迷茫和不稳定性。为此，我开始将那些能够引领企业走向成功的规律进行总结，结合自然科学的规律，形成了13条核心规律，并在实践中不断验证其有效性。

战略要与规律结合，企业要依靠这13条规律来打造企业所必需的战略能力，完成战略规划的制定与落地。我将这一过程称为"能力战略"的打造。相对于机会战略，能力战略更具科学性和精确性，也更具操作价值。在管理上，当企业更注重能力战略而非机会战略时，就能不被市场迷雾所困扰，进而顺应企业发展的底层逻辑，保持持续增长，实现基业长青。

在本书中，我将为大家详细介绍这13条规律，以及如何利用这些规律来打造企业的战略能力。我相信，只要真正掌握了这些规律，企业就能够在竞争激烈的市场中，找到自己的方向，实现长久、稳定的发展。希望这本书能够为大家带来启示，帮助大家在商业的海洋中，找到属于自己的航向，驶向成功的彼岸。

王 磊

2024年1月

目　录

第一章 | 制定战略需掌握的相关知识

01　怎样认识战略 / 002

02　企业家为什么要懂战略 / 006

03　机会战略与能力战略 / 012

04　如何打造企业的能力战略 / 017

05　科学地进行战略管理 / 023

第二章 | 能力战略打造的 13 条规律

01　13 条规律揭示管理的底层逻辑 / 028

02　统一文化规律 / 033

03　素质规律 / 040

04　规则规律 / 048

05　科学管理规律 / 054

06　工业化规律 / 062

07　需求规律 / 069

08　全程体验规律 / 075

09　品牌化规律 / 079

10　资源整合规律 / 086

11　核心竞争力规律 / 092

12　劳动价值规律 / 100

13　科学平衡发展规律 / 105

14　利他规律 / 110

第三章 绘制战略规划的蓝图

01 总体战略规划——战略规划的顶层设计 / 118

02 五年战略规划——战略规划的实现路径 / 122

03 战略规划的制定流程 / 127

04 战略规划从企业远景开始 / 132

05 战略规划中的企业使命 / 136

06 基于战略目标的企业价值观 / 140

第四章 设计战略执行的路径

01 制定战略规划使用的 OGSM 模型 / 146

02 寻找更为可行的战略目的 / 151

03 以阶段目标锚定企业战略能力 / 155

04 以执行策略分解企业战略能力 / 159

05 阶段化评估标准的制定 / 164

06 战略规划制定指导示例 / 170

第五章 保障机制的建立与战略落地

01 战略保障机制的建立 / 176

02 战略规划的落地 / 180

03 战略型项目的立项思路 / 185

04 战略的回顾与修订 / 191

第六章 量化管理模式下的能力战略打造

01 战略执行的成与败 / 196

02 建立量化管理模式 / 202

03 将战略融入年度经营计划 / 210

04 项目管理中的项目监督激励机制 / 214

05 量化管理模式下战略管控体系建立实例 / 219

第七章 打造能力战略过程中常见问题汇总

01 如何衡量是否成功打造了能力 / 224

02 企业能在 13 条规律之外选定要打造的能力吗 / 227

03 能力的打造是否可以跨阶段实现 / 229

04 单一阶段内的策略有数量限制吗 / 232

05 阶段化评价标准中的四个指标有主次吗 / 235

06 无法成功打造能力时是否可以调整战略 / 238

附录

知行合一，能落地的战略 / 240

战略规划模板及使用说明 / 244

战略管理制度模板 / 247

年度经营计划模板 / 250

年度经营计划管理规定模板 / 253

立项表模板 / 256

第一章 制定战略需掌握的相关知识

01

怎样认识战略

战略和战术，两者虽密切相关，却有本质上的不同。战略是长远和全局的规划，它源自对未来的梦想和目标；战术则是短期和具体的行动方案，旨在解决眼前的问题或达成某个阶段性目标。在企业管理中，明确这两者的区别并据此进行决策和规划是走向成功的关键。

战略源于梦想和目标，是为实现梦想和目标而打造各种能力的过程。在抗日战争中，我们的目标是取得最终的胜利，那么相应的战略就是为了取得战争胜利而打造与敌人进行持久作战能力的过程。

可以说，正是对目标的终极性决定了战略与战术的分野。所谓战术，可以理解为针对当下的、某一场战斗或战役的胜利制定的方略。具体到战争中，战术是为了服务战略存在的，并不能跟战略等同。

东汉末年，群雄并起，刘备想要"兴汉室，成霸业"，但不知如何实现自己的梦想，于是三顾茅庐向诸葛亮请教，诸葛亮给出了"三步走"的战略规划：

第一步：兼并刘表、刘璋，占领荆州和益州并以此为根据地跟曹操、孙权三分天下；

第二步：战略休整，革新政治，养精蓄锐，与各方搞好关系，并联合孙权抵抗曹操；

第三步：待时机成熟后，就能"兴汉室，成霸业"。

只是很可惜，该战略在落地过程中出了一些问题，导致最终目标没能实现。

诸葛亮的隆中对策为刘备提供了一个全局性的视角和长远的目标，即"兴汉室，成霸业"。这是战略层面的规划，它设定了未来的方向和大局。相对应的战术则是如何具体实施这一战略，比如，如何占领荆州和益州，如何与各方建立良好关系，以及如何与孙权联手对抗曹操等。

在企业管理领域，对战略和战术的区分同样至关重要。**企业管理者需要明确战略和战术的不同，以便更有效地进行决策和资源分配。**战略是关于企业长期生存和发展的问题，它涉及企业的核心竞争力、市场定位和资源配置等。而战术则更多的是解决短期内具体问题或达成某个阶段性目标的方法和手段。

虽然战略和战术都有一个或多个具体的计划，但二者制订计划的出发点是不同的：

战略是先有目标，然后基于要达成的目标再制订相应的计划；战术则是因为遇到了问题，需要解决这个问题才制订相应的计划。战术是亡羊补牢，带来的是量变；而战略则是居安思危，寻求的是质变。战略与战术的区别具体见表1.1。

表1.1　战略与战术的区别

	战　略	战　术
侧 重 点	关注长远目标和全局视角	解决具体、短期的问题
针对范围	全局性和长期性	局部性和短期性
时间长短	几年甚至几十年的时间跨度	短期内

在商业环境中，战术是为了实现战略而存在的，两者有着密切的相互关系。没有明确的战略，战术就容易变得无目的和混乱；反之，没有合适的战术，再好的战略也难以落地。因此，企业管理者需要清晰地区分这两者，并对它们有不同程度的管理意识。

一个常见的误区是，一些企业管理者会将解决当前问题的方案误认为是战略，或者将年度经营计划等同于长期战略，这种错误认知往往会导致企业陷入混乱和无序的管理状态。例如，如果一个企业仅因为本年度销售额下滑就制定了所谓的"战略"，而没有考虑到长期的市场趋势和企业发展，那么这更像一个战术性的应对，而不是真正的战略规划。

因此，对于企业管理者来说，区分战略和战术是至关重要的。在制定战略时，应反思每一条计划或目标是出于解决当前问题还是为了实现企业远景。如果大部分关注点都是短期和眼前的，那么这更像是战术而不是战略。这种区分尤为关键，因为将战术误认为战略会削弱战略的指导意义，从而可能导致企业陷入混乱和无序的状态之中。

对战术与战略概念的混淆通常因为在日常生活中更多的是面对和解决战术问题，从而容易养成一种战术思维习惯。在制定战略时这种习惯会误导管理者，使其过于关注眼前的问题而忽视了长远的规划和目标。

这种情况在日常生活中也很常见，很多家长在教育孩子的过程中，都习惯用战术思维去考虑，将所有教育活动都看作战术安排。但实际上，很多教育活动都需要立足于长远目标，需要以战略思维去进行规划布局。比如，孩子生病需要去医院，便是短期、具体和迫切需要解决的问题，属于战术范畴，可以采用战术思维迅速高效地解决问题。相对而言，如果让孩子学习音乐和美术以培养其艺术修养，或者让孩子定期跑步和打羽毛球以提升身体素质，这些便是出于对孩子未来更好生活的考虑，属于战略选择，需要以战略思维站在更高、更远的视角去思考规划。

总结来说，战略和战术虽然都涉及目标和计划，但它们的出发点和侧重点是不同的。战略是从一个更高、更全局的角度来考虑问题，它关注的是"为什么"和"要到哪里去"。战术则是从具体的、局部的角度出发，关注的是"怎么做"和"用什么方法"。战术是为了实现战略而存在的，但它们不能等同，不能相互替代。因此，明确战略和战术的区别，对它们进行不同层次的管理和规划，是制定战略的必要前提，也是任何成功企业或组织都必须掌握的基本原则。

思考与行动

★根据本节内容，说一说你对战略和战术的理解。

★通过分析生活中的战略与战术，清楚了解战略与战术的区别。

★随时练习自己的战略思维，养成战略思维习惯。

02

企业家为什么要懂战略

从本质上讲，商业竞争和战争同出一源，好的企业家转变一个场景就能够成为杰出的兵家，那么反过来，企业家也必然要具备兵家的思维，而兵家的思维就是战略思维。

《孙子兵法·谋攻篇》中说："上兵伐谋，其次伐交，其次伐兵，其下攻城。"这句话翻译成现代语言就是，上等的用兵之道是用谋略取胜，其次是用外交取胜，再次是用武力取胜，最下策是去攻打敌人的城池。

在古代战争中，对于进攻一方，攻击城池是以己之短攻人之长，是效率较低也很容易失败的。清军与明军作战，清军三番五次进攻宁远城，损兵折将，最后连努尔哈赤都受重伤于宁远城下，可见攻城取胜是多么难。

努尔哈赤曾发布"七大恨"，誓与明朝争夺天下。然而在此之后努尔哈赤又做了什么呢？他一而再、再而三攻击明军的城池，如锦州、宁远等，意图与明朝在战场上一较高下，但他终其一生都没有看到过山海关内的明朝疆土是什么样子。

与明朝在战场上一较高下，用武力手段征服明朝获得天下，这可以视为努尔哈赤制定的"战略"，但最终事实证明，他制定的这个战略是不切实际且毫无意义的。

在这一点上，努尔哈赤的继承人皇太极比他略强。皇太极也要与明朝争天下，但他却能够清醒地意识到，必须把明朝看作一个比自己强大的政权，它不会因为战场上的失利而灭亡，想要战胜它，就必须与它进行博弈，该和平的时候保持和平，该进行战争的时候就进行战争。

因此，皇太极在东北模仿明朝建立了行政制度，聘用当地人为文官，而战争的目标也选定为突破明军防线，骚扰明朝腹地。他的一系列举措给明朝带来了极大打击，但即便如此，明朝也没有因此灭亡。皇太极此时更加意识到，想要与明朝争夺天下必须要等待明朝自身出现问题，而不能单纯依靠武力来征服。

虽然皇太极最终也没能看到明朝统治的崩塌，但多尔衮却等到了这个机会。多尔衮继承皇太极的战略思想，减少战场上与明朝的军事对抗，转而借李自成起义的良机，在各种对抗明朝的势力中纵横捭阖，获取好处。

从历史角度看，当然可以说多尔衮是趁中原内乱坐收渔翁之利，但也不得不承认，多尔衮几乎是用了最小的代价，获取了最大的利益。

努尔哈赤是一个好的将军和战士，但他的战略更像是战术，所以他执着于攻城。相比于努尔哈赤，皇太极是一个好的统帅，他能够意识到战略的实现是复杂的，需要多方面要素的，所以采取了和父亲不一样的战术，他和后面的多尔衮一样，频繁在外交手段和军事手段中切换，最终等来了明朝自乱阵脚，不损一兵一将就轻易进入了努尔哈赤一辈子都没有攻破的山海关。

商场如战场，古代战争中的成功经验也可套用到现代商业市场之中，最好的管理并不是想尽办法解决眼前的问题，而是制定一个行之有效的发展战略。

在当今竞争激烈的商业环境中，企业如果没有明确的战略规划，很容易陷入无目标、无方向的混乱状态。这些企业通常依赖于短期的"感觉"或市场热点来决定其业务方向，而没有进行深入的市场分析和长期规划。这种做法就像《孙子兵法》中描述的无谋之举，用有限的资源去挑战别人已经建立起来的行业壁垒或强大的竞争对手，最终可能会付出巨大的代价，甚至面临失败的风险。

在当前这种经济环境下，没有战略的企业就像是一艘没有导航系统的船在大海中漂泊，随时可能遭遇风暴或迷失方向。相反，具有明确战略的企业就像是一艘装备了先进导航系统的船，不仅知道自己要去哪里，还能有效地分配和利用资源，从而实现持续、稳健的发展。

对于企业管理者来说，战略规划不仅是一项基础性的工作，更是决定企业未来命运的关键。一旦战略被明确和制定，其他各项工作和决策也会更加明确和有序，从而推动整个企业逐步走上成功的道路。

对于企业来说，战略的重要意义主要表现在以下几个方面：

一、明确企业的发展方向

做企业就像跑马拉松，如果管理者都不知道终点（目标）在哪儿，又如何知道应该向哪个方向努力？只有制定战略后，企业才知道自己要做什么，才知道什么是

"正确的事"；只有一直坚持做"正确的事"，企业才不会浪费有限的资源。如果企业不知道自己的目标，把精力和资源浪费在一些"错误的事"上面，那么最终的结果也是失败。

有些企业发展得不好，首先想到的就是从战术上寻找原因，例如，员工销售技巧不过关、财务管理不达标等，最后变来变去也不见起色。其实这些问题的根源都在于缺乏战略层面的思考，如果管理者能从战略层面进行反思，就会发现问题的症结所在，就会知道只有重新制定战略才能避免这些问题再次发生。

战略相当于企业的导航系统，为企业提供明确的前进方向和目标设定。没有清晰的战略，企业就如同一艘没有目标的船只，容易偏离航向，从而浪费有限的资源和机会。只有拥有明确的战略，企业才能聚焦于"正确的行动"，进而实现持续和健康的增长。缺乏战略的企业，即便忙于各种事务，也可能是在做"错误的选择"。

二、保障企业的健康发展

日常工作中，企业管理者需要处理的事情很多，但再忙也应该抽出一些时间来制定企业的战略。如果最初不先制定好战略，企业就会陷入不断解决当前问题的状况下，到时可能想制定战略也没有机会了。而企业的战略制定好之后，其他的发展策略也会明确下来，这样企业的整体运营才会慢慢步入正轨。

战略不仅是一份计划或一次讨论，还是一个持续不断的过程，需要管理者定期回顾和适时调整。没有战略的企业往往会出现临时应对和短视行为、专注于解决当下问题而忽视长期规划等问题，这样最终可能会导致企业失去其核心竞争力。

三、决定资源的分配

一旦企业有了明确的战略，就能更有效地分配有限的资源，避免资源的浪费或不当使用。没有战略的企业往往在资源分配上没有明确的方向，导致关键时刻资源不足，无法应对市场变化。

在没有战略的情况下，企业往往陷入一种"救火式"的管理模式中，即遇到问题就临时调配资源进行应对，这样不仅效率低下，还可能导致资源的大量浪费。而有了清晰的战略，企业便能更精准地识别哪些资源是关键性的，并据此进行有效分配，这样做可以极大地提高资源使用效率，从而达到企业降本增效的目的。

明确战略还能帮助企业在长期目标和短期需求之间找到平衡，确保资源在正确的时间、正确的地点得到最有效的利用。这不仅能推动企业朝着既定目标稳步前进，还能使企业在复杂多变的市场环境中保持竞争力。

四、增加团队的合力

一旦企业明确了战略目标，这些目标就可以分解到各个部门和个人，形成一系列可量化、可执行的小目标。这样，每个员工都能明确自己的工作方向和责任，从而提高工作的主动性和积极性。

更进一步说，当员工明确了自己的角色和目标后，就更容易找到与其他团队成员的协作点。这种协作不仅是水平的，也包括垂直的，即不仅部门之间能更好地协作，上下级关系也会更加和谐。这样的协作会极大地提高工作效率，减少不必要的摩擦和冲突。

而且，明确的战略目标还能为员工提供一个评价自己工作的标准。企业设置与战略目标相符的激励机制，如绩效奖金、晋升路径等，员工会更加积极地投入工作，因为他们知道自己的努力是有方向的，也是会被认可和奖励的。

这种从上到下、从高到低的目标一致性和合力，不仅能加速企业的发展，还能在团队中营造一种积极、健康的工作氛围。员工会感到自己是为了一个更大的目标而工作，这种归属感和使命感会进一步提升他们的工作热情，形成一个良性循环，推动企业持续、稳健地发展。

总体而言，战略是企业成功的关键因素，它不受企业规模的限制。对于小型企业，明确的战略不仅能帮助其在竞争激烈的市场中找到立足点，还能有效地引导资源和精力，加速企业的成长和扩张。没有战略的小型企业很可能会在市场的波涛中迷失方向，错过重要的商机。

对于大型企业，战略更是不可或缺。一个没有明确战略的大企业就像一艘巨轮失去了航向，会在复杂多变的商业环境中遭遇重重困难，甚至面临破产的风险。**明确的战略不仅能帮助大型企业维持其市场地位，还能为其未来的创新和扩张提供动力，使其能够更加灵活地应对各种外部挑战和内部问题。**

因此，无论是初创企业、中小企业还是跨国巨头，战略都应被视为企业管理和发展的核心组成部分。它是企业长远发展的指南针，也是应对各类挑战的有力武器。缺乏明确战略的企业，无论规模多大，都很难在今天这个快速变化的商业世界中保持竞争力和可持续发展的能力。

> **思考与行动**
>
> ★作为管理者，请你谈一谈对战略的理解。
> ★在企业管理中，你是否能感觉到战略对企业发展各方面的影响，请详细说一说。
> ★你认为中小型企业的战略与大型企业的战略有哪些区别？

03

机会战略与能力战略

机会对于企业发展非常关键，但更关键的是企业要具备的核心能力，有了能力可以等待机会，没有能力，即便遇到了风口还是没办法借力。有些企业的战略总是执着于机会的寻找，而忽视了能力的打造，这其实是把制定战略的方向搞错了。

在三国历史上有一个公案，那就是魏延的子午谷奇谋到底是否可行？对于这个计谋，先来介绍一下历史背景：

在古代，因为受地理环境限制，南方政权想要北上争霸，只有三条进兵的道路：

第一条是走江淮地区北上，途径今天的安徽、山东地区，这也是孙权政权几次攻打合肥的原因。

第二条是从湖北经过南阳盆地北上，进入中原的腹地河南。这也是关羽需要攻击襄阳的原因，因为襄阳正是南阳盆地的门户，不占领襄阳就没办法走这条路。

第三条则是占领以长安（西安）为中心的关中平原，然后出潼关进入北方地区。

当时江东在东吴的手中，而蜀汉在关羽失荆州之后也丧失了走第二条路的可能，所以就只能先进攻关中，不拿下关中就没办法统一中国。

蜀汉想要占领关中，也有两个选择，第一个是从汉中翻过秦岭，第二个是从蜀地向北进攻陇右（今天甘肃南部地区），然后走关陇大道进攻关中。

面对这个局面，诸葛亮选择的是向北进攻陇右，然后走关陇大路向东进入关中攻击长安，然而魏军在关陇大道上布置了重兵，每一次都能与蜀汉形成相持，这也就导致了诸葛亮屡次北伐都无功而返。

其实在当时秦岭中间有很多小路可以连通汉中和长安，子午谷就是其中的一条，于是魏延就提出了所谓的"子午谷奇谋"。

魏延的策略是他带领一支奇兵，神不知鬼不觉地穿越子午谷，趁魏军不注意偷袭长安。而当时魏军的长安守将夏侯楙刚好是一个纨绔子弟，不能打仗，这样蜀军可以轻松攻下长安，然后等待诸葛亮带走关陇大道的大军到来。

然而，诸葛亮却拒绝了魏延的策略。那么两个人到底谁对呢？历史研究者在这个问题上争论不休。对于这个问题，笔者的回答是诸葛亮是正确的。为什么笔者认为诸葛亮是正确的呢？先看一看魏延对于自己策略的自信源于何处。

魏延认为，魏军守将不称职是一个巨大的机会，对方如果在子午谷不设防，又是一个可乘之机，所以魏延的策略是站在了"机会到来要把握"的立足点上。然而，诸葛亮作为蜀汉的统帅，需要考虑全局，他看到了魏延所没有看到的地方——蜀汉当时到底有没有把握机会的能力。

诸葛亮考虑的是：子午谷这么险要，魏军就真的不设防吗？即便顺利通过子午谷，蜀军并不一定能够顺利击败夏侯楙，即便真的击败夏侯楙占领长安，那么在蜀汉援军到来之前，蜀军也不一定能够守住长安，蜀汉的援军需要走陇西大道，那里的魏军都是百战之士，蜀军也没有把握快速击败他们，即便蜀汉援军赶到，占领了长安，并不保证能够迅速清除陇西残留魏军，从而打通到长安的粮道。

这所有的问题，诸葛亮都要考虑好，而综合考虑的结果就是，蜀军做不到。因为后面几次战争表明，即便没有时间限制，蜀军想要战胜陇西的魏军都非常困难。所以即便魏延的子午谷奇谋真的占领了长安，最多也不过是一座孤城，等待他的是曹魏源源不断的军队，而蜀军大部队只能被滞留在陇右眼睁睁地看着魏延在长安孤城被围歼。

当然，作为历史的旁观者，对于诸葛亮与魏延的争论，不能简简单单说魏延就是一个军事蠢材，实际上魏延是蜀汉中后期难得的将领。然而魏延为什么还是犯了错误呢？这是因为他与诸葛亮所处的角度不同，魏延是战将，而诸葛亮是统帅。用企业管理的思路来讲，魏延考虑的是局部，所以他看到的只有占领长安这个机会；而诸葛亮考虑的是全局，他看到的就是蜀军是否有占领长安并守住的能力。

战略都是基于梦想或目标制定的，战略的实现则需要一定的必要条件，有时候这种必要条件会以机会的形式出现。然而，当出现能够实现战略的机会时，企业还需要具备把握机会的能力。

小米创始人雷军在上大学期间读了讲述美国创业者的《硅谷之火》，从此立下

"做一个伟大的企业家，造福全球每一个人"的梦想。为了实现自己的梦想，雷军努力提升自己的能力，不仅选修一些高年级的课程，提前修完所有学分，还提前完成了大学毕业设计。读完大学后，雷军又广泛涉猎各行业，他写过加密软件、杀毒软件、财务软件、中文系统，还做过电路板设计等，从而提升了自己各方面的能力，成了当时武汉电子一条街的"名人"。

以能力为先导，不去刻意追逐所谓的机会，这一点恐怕雷军自己也没有意识到，但他的成功却实实在在就是这样的。

后来雷军进入金山公司，这可以视为他获得的一个机会，然后他依靠自己超强的能力成为金山公司的总裁。四十岁时，他思考自己还能不能做更有价值、对社会有帮助的事情，他发现移动互联网正处在高速发展时期，这可以被视为他获得的又一个机会，然后他用互联网模式去做实体经济，创办了小米公司。在梦想的感召下，雷军一边不断打造自己的能力，一边在获得机会时展现出能力，最终将梦想变成了现实。

企业想要实现长远目标同样需要机会和能力。只是世界太复杂，形势变化太快，没人能预料到机会与灾难究竟哪一个会先行到来。真知者对于行业的发展也只能预测出大概方向，至于机会到底什么时候到来，以什么形式出现，是很难预测的。例如清洁能源动力载具，它是未来发展的大方向，但具体什么时候到来，以什么形态、什么形式、什么技术实现，到底是以氢还是以锂电为主，没人能精准预测出来。

因为机会很难被精准预测到，所以基于机会制定战略必然面临巨大风险，只要有一点预测错了，整个战略就会出问题。为了规避这一问题，企业需要基于能力来做战略（能力战略）。

能力战略则与机会战略不同，它的主要着眼点并不在预测未来的机会上，而是要企业具备某种能力，只要能力足够，不管什么时候，机会来了就能抓住它，进而实现既定目标。就像雷军一样，先具备能力，然后等待风口。或者说得更夸张一些，对于能力超强的人和企业，任何的市场变化都可以成为风口。

专注于思考能力战略的企业，往往是有清晰的发展逻辑的；对机会战略仍抱有侥幸的企业，则容易陷入单靠运气决定自身战略的困境，面临的是风口来时起飞，风口转向时则狠狠地摔在地上。

而且我们也需要意识到，如果企业没有具备一定的能力，即便真的等到了机会，也不一定能把握住。在移动通信市场发展之初，许多企业都涌进了这一市场，都预测到了手机产品这个机会，但这之中却有很多企业因为没有足够的能力，最后没能抓住智能手机的红利。华为、小米、vivo 和 OPPO 等企业则因为自身能力够强，在智能手机红利出现后马上就抓住了机会。

类似的例子还有很多，这些例子无不说明能力战略相比机会战略而言，对实现长远目标的可能性更大，也更稳妥，所以应提倡的战略是能力战略而非机会战略，战略的本质是为了实现远景打造能力的过程。

综上所述，企业应立足于能力战略来制定战略规划，在制定战略规划时，企业需要考虑的是要达到某个目标需要具备的能力，然后分阶段将所需的能力一一补齐。在本书后面的章节中，如果没有特别说明，书中的"战略"两字指的便是能力战略。

思考与行动

★你清楚机会战略和能力战略之间的区别吗？

★你认为企业应该制定能力战略还是机会战略？原因是什么？

★如果你所在的企业已经制定了战略，试着分析一下该战略是不是真的战略，如果是，那么是能力战略还是机会战略呢？

04

如何打造企业的能力战略

个人的能力是完成一项目标或者任务所体现出来的综合素质，即个人能力就是把正确的方法或知识变成习惯。那么企业的能力又是什么呢？是个人能力的集合吗？当然不是，管理不是一加一的加法。在好的管理下，企业的能力是个人能力以指数运算的叠加。

熟悉三国历史的人可能知道，在真实的历史上曾出现过两个"隆中对"：一个是诸葛亮为刘备提出的"隆中对"；另一个则是鲁肃为孙权做的发展规划，因为鲁肃的规划和诸葛亮的规划太类似，因此也被冠以"东吴版隆中对"的美誉。

"东吴版隆中对"的内容是："立足江东发展经济，不可与曹操争锋，坐观天下成败。"在鲁肃死后，孙权不信邪，执意对曹魏用兵，几次北伐攻击曹魏淮南重镇合肥，但每一次都大败而归，甚至连自己都差一点死于阵前。

鲁肃之所以认为东吴北伐不可获胜，自然有曹魏政局稳定、国力强盛的原因，但还有一个重要的原因就是东吴集团缺少一项制胜的能力——骑兵。

东吴想要北上与曹魏争天下，主要的进攻路线就是走江淮地区，先进攻合肥，然后一路北上攻击徐州，再攻击曹魏的统治核心兖州（山东北部地区）和豫州（河南大部分地区），那么东吴与曹魏的主战场就是在长江以北的中原地区。

长江以北属于平原地区，骑兵在此可以纵横驰骋，所以在汉末时期吕布能够把这里搅闹得天翻地覆，原因就是吕布的骑兵天下无敌。

在中原作战，自古是骑兵强的一方占优势。然而东吴却是以水军见长，步兵与曹魏尚有一战之力，论骑兵则完全没办法与之作战。

鲁肃意识到了这一点，认为吴军一旦越过长江尤其是越过淮河，根本没有办法在与魏军的作战中取胜，因此才为孙权制定了不可北伐的大战略。所以后来的东吴北伐，孙权率军五次围攻合肥，每一次都是铩羽而归，这也从侧面印证了当年鲁肃预判的准确。

有人会提出疑问，东吴难道不可以训练骑兵吗？答案是不可以。

大到一个国家、一个集团，小到一个组织、一个企业，都和个人一样有固有的能力上限。以东吴要练骑兵为例，中原南方首先就缺乏战马。而获得战马只是最初步的一环，在获得战马之外，还要有大量熟练骑射的士兵，而没有战马怎么训练骑兵呢？而且需要经验丰富的骑兵指挥官，东吴老一代将领中只有出身于幽州的韩当指挥过骑兵，韩当死后，东吴就再也没有指挥过骑兵的将领了。而且即便有将领，也需要演练各种骑兵战法，需要去战争中获得实战经验，还要有针对战马的饲料、管理饲料的官员、懂得马匹健康的兽医和一整套关于骑兵的后勤配置……

这环环相扣的现实情况决定了东吴无法大规模训练骑兵，所以注定东吴不可能成功北伐。这就像是赤壁之战前，曹操南进荆州的大战略是没有问题的，但曹操没有水军，没有水战这一项能力，他在赤壁之战中将骑兵改为水军仓促出战，最终也只能是一败涂地。

所以，**战略应该围绕能力来制定，尤其是发现能力有所不逮的情况后，要着重弥补能力缺失**。古代的战争如此，现在企业管理也是如此，企业管理者需要根据企业所需能力来制定战略。

在心理学中，能力被定义为完成一项目标或者任务所体现出来的综合素质。为了让大家直观地理解这个抽象的概念，这里也对能力做了一个定义，**能力就是把正确的方法或知识变成习惯**。也就是说，判断某人具备了某项能力，不是基于他偶然一次的成功，而是要基于不同情况下他多次的成功，才能认定他已经将这种做事的方式变成了习惯。简单来说，判定某人是否具备某项能力，可以看他是否将之变成习惯。

对企业来说，什么时候才能说该企业具备了某项能力呢？这就要看该企业是否能在不同情况下多次做成某件事情。能够做成某事，是因为该企业已经掌握了做成这件事的正确流程，并且企业成员都能自觉按照这个正确流程去做。这时，就可以说该企业具备了这项能力。

战略的本质是为实现远景打造能力的过程，所以企业制定战略要在确定战略目标后，分析想要达到这个目标需要具备哪些能力，然后按照正确的方法分阶段去打造这些能力。具体来说，企业的能力战略打造可分成两步走：

第一步：确定企业需要哪一种能力。

不同的企业所需要的能力是不同的。那如何确定企业更需要哪一种能力呢？这是管理者需要首先思考的问题。

将企业比喻成自己的孩子，想要让孩子成为一个画家，就需要锻炼孩子在绘画上的能力，如构图、光影、颜色的搭配等，此外一个好的画家还需要有创造力、艺术感、独特的个人审美，而这也是孩子需要具备的能力。

但是，如果仅想要让孩子成为一个画匠，一个依靠临摹他人绘画赚钱的手艺人，那么创造力、艺术感这些能力就不是孩子所必需的了。所以，可以将这个过程总结为——为企业的能力战略找到正确的方法和知识。

第二步：打造企业需要的能力。

打造能力是需要过程的，有些能力更是基于现有的企业组织所打造的。那么，如何确保这个过程进行得顺利呢？这就要将正确的方法和知识变成组织习惯。

正确的方法和知识就是符合企业运营规律的方法和知识。规律是事物之间内在的、必然的联系，是客观的、本质的、稳定的，是决定事物发展的必然趋势。企业内部的行为能够始终符合规律的要求，就能够保证企业总是走在健康的道路上，进而帮助企业养成好的组织习惯。

其实，企业战略的制定与个人战略的制定思路是一样的：

小刘在某大学任教，当前职位是助教，他定下十年后要成为教授的个人目标。要怎么实现这个目标呢？首先小刘将目标分解成三个阶段：第一个阶段是两年，目标是成为优秀讲师；第二个阶段是三年，目标是成为副教授；第三个阶段是五年，目标是成为教授。目标分解好后，小刘又分析想要取得不同职称需要具备什么样的能力，怎样才能符合要求参加竞聘，十年被破格提拔？根据这一目标，小刘开始分阶段打造相应的能力。如果小刘能按照计划一一落实，十年后他就能评上教授了。

制定企业战略也是这样，管理者首先要设想企业五年、十年后变成什么样子，接着要分析成为这样的企业需要打造哪些能力，然后有目的、有意识地去培养、打造相应的组织能力。第一年打造哪些能力，第二年打造哪些能力……一年一年严格落实，等五年、十年后企业就会变成想要的样子。

为了节省大家的时间和精力，下面将制定企业战略的13条主要规律总结出来，并将每条规律所对应的需要打造的能力也一一列举出来，这些将在本书下一章详细讲解。这13条规律（表1.2），是近30年来笔者与上千家企业合作经验的总结。企业制定战略遵循这13条规律，能帮助企业在自我能力提升的道路上越走越强，保证企业朝着远景坚定地进发。

表1.2 制定企业战略的13条规律

1.统一文化规律	打造与保持职业化、专业化文化、精英化文化的能力
2.素质规律	打造培养与发展职业素养、管理素养、专业素养团队的能力
3.规则规律	打造建立、维护与发展制度、规定、流程的能力
4.科学管理规律	打造战略、计划、项目、流程、薪酬绩效与知识库管理的能力
5.工业化规律	打造实现部门间、部门内、模块间工业化的能力
6.需求规律	打造不断跟踪与发现客户需求的产品管理体系能力
7.全程体验规律	打造建立与维护全员全面质量意识的能力
8.品牌化规律	打造建立与发展品牌的能力
9.资源整合规律	打造整合外部资源的能力
10.核心竞争力规律	打造建立与发展核心竞争力的能力
11.劳动价值规律	打造自主创新与资源高效利用的能力
12.科学平衡发展规律	打造组织平衡发展的战略管理和计划管理能力
13.利他规律	打造让客户、股东、员工、合作伙伴、社会共赢的能力

这13条规律是有一定先后顺序的，为什么会有顺序呢？这是因为企业的能力有基础性能力和技术性能力之分，有的能力是对应企业建设底层逻辑的，有的能力则是对应企业某种特定行为的。企业在打造能力战略时，遵循前面的规律打造出相

应的能力，就为企业筑下了根基，有利于企业更好地践行下一条规律，再打造出下一条规律对应的能力，这样更能够与之前的行为相互配合了。

> **思考与行动**
>
> ★你希望你所在的企业十年后成为一家什么样的企业？
> ★如果要成为那样的企业，需要具备哪些能力？
> ★分析一下你所在企业现在已经具备了哪些能力？还要打造哪些能力？

05

科学地进行战略管理

战略制定后还需要严格的监督和执行,也就是战略管理。战略管理是具有递延性的,因为有了强大的战略管理,使得战略甚至不会因为人事变化而出现偏差,从而彻底告别企业管理中所谓"人走政息"的窘境。

人们在讨论汉末三国历史的时候，总是喜欢站在蜀或吴的角度品评人物得失，却往往忽略了那一时期真正伟大的战略家曹操。论及曹操的伟大，除了他流传在历史中的各种故事外，还应该意识到曹操对于汉末天下大势的洞见和他为曹魏制定的成功战略。

早期在北方与袁绍争霸时，曹操意识到正统的重要性。重新树立起大汉旗帜，在"匡扶汉室"的感召力下实现自己的基业，这就是曹操的战略。

正是因为有这个战略，在如何对待汉献帝的问题上曹操没有犯和袁绍一样的错误（袁绍宣称要为被董卓害死的汉少帝刘辩报仇，而不愿意承认汉献帝的正统性），转而在汉朝中央政权出现困窘时主动提供帮助，将汉献帝迎接到了许昌，成功地"挟天子以令诸侯"，为自己获得了正统性的旗帜，这也为他随后战胜袁氏河北势力、统一中原打下了基础。

曹操作为战略家的伟大，还体现在另一件事上。

在汉中之战后，曹操几乎就没有再对外主动用兵了。为什么曹魏的军力明明强于蜀汉和东吴，却不再南征、东伐了呢？因为曹操意识到，以军事实力很难击垮蜀汉和东吴，想要天下，真正要做的就是努力发展中原，让中原形成稳定的局面，然后通过边界摩擦而并非大规模战争让对手疲于奔命。当中原的经济发展到相对蜀和吴形成绝对优势，而吴蜀边境的军队已经不堪战争的困扰时，再一次性地发动大战争，就可以一举统一天下。

曹操虽然制定了战略，却没有看到战略目标最终实现的那一天，后来曹操的继承人延续了曹操的这一战略，再后来司马氏取代曹魏建立了晋，也沿用了曹操这一战略，最后，正如曹操一开始设想的那样，晋朝最终统一了中国。

伟大的战略就是这样，即便是制定战略的人不在了，或者实行战略的人能力有所不逮，但只要后来者依然坚持战略，就不会妨碍战略的最终实现。

战略拥有自我延续性和自我修正能力，这对于企业管理来说是最难能可贵的。企业发展中最令人担心的就是管理团队变更、管理制度改革。如果能找到一个指导未来的大战略，它不会因为管理条件的变化而破坏，那不正是企业管理者所需要的吗？相反，如果企业远景可以朝令夕改，没有人真正把企业战略作为重中之重，那么企业即便拥有了一时优势，最终也还是会陷入一片混乱当中的。

正因如此，需要对战略在企业中的位置做一个衡量。战略是现代企业科学管理系统的起始部分，是企业管理工作的基础，企业各种管理系统都要基于战略而产生，而企业想要实现其战略，也需要后续的管理系统加以配合。

所以，战略并不是凭空而来、单独存在的，战略必须基于企业的现实产生，并辅以相应的配套管理手段才能够实现。所以对于企业管理者而言，战略管理并不仅是一种管理其他系统的手段，战略本身也需要管理。

战略管理指的是，管理从制定战略到配套系统完善，再到用配套系统完成战略落地的一系列整体工作。那么，企业要如何开展战略管理工作呢？主要需要做好以下几方面的工作：

首先，要明确战略制定的参与者，大型企业可能需要很多人参与到战略的制定中来，为战略出谋划策，小型企业也要尽量让更多的信息能够被战略的制定者所掌握。

其次，要将战略逐级分解到年度经营计划之中，根据年度经营计划仔细思考企业一段时间内将要做哪些事情？要做这些事需要什么样的人？需要多少资金？企业计划要做哪些事情时，也要结合自身的人才情况、资金情况等。

再次，要运用量化管理的手段，将企业各个系统进行量化，从而让战略管理者能够对企业的工作乃至战略的完成情况进行系统、客观评估。

最后，要成立战略管理委员会，确定由谁去管理战略、评估战略，对战略的落地进行监管，对战略落地过程中出现的问题进行调整解决。

总而言之，战略是企业未来的发展方向，是全体员工为之奋斗的目标，是企业不断前进的动力。然而，战略不是凭空产生的，也不是制定之后就束之高阁不闻不问的，战略一样需要用管理的手段来完成。只有科学的战略管理，才能实现好的战略，从这个角度讲，科学的战略管理才是企业发展中各种问题的最优解。

> **思考与行动**
>
> ★试着分析一下你所在的企业，看它的战略有没有完善的管理系统。
> ★试着找一找，你的企业中制定好的战略无法实现的原因。
> ★对于战略推进缓慢，你有什么好的解决办法吗？试着实施，看看其效果如何。

第二章

能力战略打造的13条规律

01

13条规律揭示管理的底层逻辑

制定能力战略需要遵循怎样的原则，用怎样的规律推导出方法而应用到实践中，这是所有企业家需要思考的问题。而解答这个问题的过程，实际上就是解释管理这门学科底层逻辑的过程。

2013年，一位商业人士走进斯坦福大学，受邀向商学院的学生们进行了一场以创业为主题的演讲。一年之后，他以演讲中的主要内容为框架写成了一本著名的商业著作，并很快成为商界畅销书。这本书的名字叫作《从零到一》，而这个人就是创立了网络支付平台 Paypal、投资过无数创业公司的彼得·泰尔。

以 50 万美元的初始投资获得某知名企业超过 10% 的股权，在该企业上市之后获得超过 10 亿美元的投资收益，这个巨大的投资风口可不是谁都能发现的，更不用说在彼得·泰尔的投资生涯中类似的案例还有很多。

然而更有趣的是，作为一个成功的新技术投资家，彼得·泰尔却并非技术出身，在大学他学的是法律。那么，作为一个科技门外汉的彼得·泰尔是如何判断一个初创企业是否具有前途呢？这就不能不提他总结出的揭示了初创企业获得成功的底层逻辑的七个问题：

（1）时机问题：创业企业的构想是否符合现实需要，它转化成为商业机构的时机是否存在？

（2）技术问题：创业企业的构想是否具备技术突破，或对现有产品或服务的微创新式改善？

（3）垄断问题：创业企业的开局，是否可以很快在一个哪怕很小的市场中拥有比较大份额？

（4）团队问题：创业企业的实践是否已经具备了适合的创业团队？

（5）渠道问题：在创造出产品或服务之后，企业是否有办法将它们推广出去？

（6）持久问题：在抢占市场之后，企业的市场地位能够持续多久？

（7）机密问题：这个构想是否独一无二，至少是市场上没有现存的？

彼得·泰尔认为，对于一个创业企业来说，如果能对他提出的七个关键问题都给出肯定的答案，那么这个企业就有很高的成功概率。如果企业能对其中四到五个问题给出肯定的回应，这仍然足以让投资者对其充满信心。这是因为这些问题从不同角度综合性地预评了企业可能面临的机会和风险，进而提供了一个全面的视角来评估企业成功的可能性。

彼得·泰尔的投资传奇说明一个道理——商业世界的底层逻辑是可以被揭示的。同样的，管理的底层逻辑也可以被揭示，那么管理的底层逻辑又是怎样的呢？

一、从科学管理到 13 条规律

从亨利·法约尔的过程管理，到彼得·德鲁克的目标管理，再到赫伯特·西蒙的决策管理，管理学研究者一直在揭示管理到底是怎么样的一种方法，并试图解答关于底层逻辑的问题。

对于管理学家的研究，最值得思考的是弗雷德里克·泰勒的科学管理。他将视角放在了企业管理的全局中，试图将企业各环节之间的联系解释清楚，并以此通盘考虑企业的存在和发展。基于这一点，企业制定战略需要遵循的 13 条规律，这 13 条规律是帮助企业打造能力战略的重要基础。

如同彼得·泰尔用他的 7 个问题奠定了他几乎从不失败的投资生涯一样，管理者如果将这 13 条规律了然于胸，也能够清晰地判断出企业当前所处的位置和面对的问题，并根据这些制定出或调整科学的战略规划，让企业的发展走在正确的轨道上。

学习这 13 条规律有一个基本的出发点，那就是坚持能力战略的打造，通盘考虑企业全生命周期的发展。管理者要明白，科学的战略不是基于对企业面对问题的某一点或某一个流程的理解就能够制定出来的，而是需要基于对企业运营的底层逻辑的理解。

比如，当企业发展到一定程度，就需要了解竞争对手的产品，然后提升自己产品的性能，从而提升竞争能力。但是不能仅基于对竞争对手的了解来制定企业的战略，因为竞争对手的产品也在不断优化。如果企业只是一味地对比竞争对手的产品来优化自己的产品，那么从一开始企业的发展战略就是错的。因为这一战略的制定不是基于规律制定的，而是基于眼前所见所知而制定的。

科学的做法应该是将目光放长远一点，除了要分析竞争对手的产品，还要分析该企业所处的行业，了解行业的发展规律，然后基于对手、行业规律以及企业自身的实际情况，打造自己的能力战略——也就是让企业逐步具备与任何对手竞争的能力，并不断让这种能力变得更强大。当能力战略得以制定并得到实践，企业发展便不会因为外界市场的变化、竞争对手的变化、上下游产业链的变化而出现问题。

二、13条规律间的关系与应用

想要知道在企业制定战略乃至企业管理的过程中，管理者应该如何导入并践行这13条规律，就要先明确这13条规律之间的关系。

企业的发展就像一个生命体的发展，经历从诞生到成长，再到成熟的不同阶段。在这个过程中，每个阶段都要面临独特的挑战和需求。因此，在应用这13条基本规律时，企业需要根据自己所处的发展阶段进行有针对性的分析和调整。可以将企业发展分为三个基本阶段，即第一阶段基础期，第二阶段发展期，第三阶段稳定期。

在第一阶段，企业所面临的主要是生存的问题，因此企业的一切行为都是以生存为导向的。在这一时期，企业可以依靠统一文化规律、素质规律和规则规律，来打造自身能力，让自己尽快成长起来，逐渐成为一个健康的组织，可以进入赛道中奔跑竞争。

在第二阶段，企业要面临的问题开始增多，企业也要表现得越来越职业化。此时，企业会面临很多能力缺失的问题。对于这些问题，企业要有重点、有针对性地补强，即引入更多相关规律，来打造自身缺失的能力。

如果员工的职业属性较弱，企业可以依靠科学管理规律和工业化规律，逐渐培养组织人员的职业属性，让每个员工都能真正成长起来。此后，当企业已经具备了一定的竞争能力，开始在市场站稳脚跟，并在某一领域树立起了自己的品牌形象，具备了一定的影响力和市场占有率后，企业还可以依靠其他规律，如品牌化规律、核心竞争力规律，来提升自身在这些方面的能力。

在第三阶段，经过快速发展时期后，企业已经成为所在领域的中流砥柱。此时的企业已经从一个商业机构转变为一个生活和文化中的社会符号，实现了从零到一的成功。但企业的发展还并未结束，它还要继续追求卓越，此时企业可以依靠科学平衡发展规律和利他规律，来进一步打造自身能力。

在不同的发展阶段企业有不同的挑战和需求，因此在应用各种管理规律时，需要有针对性地进行分析和调整。只有这样，才能确保企业在各个发展阶段都能得到有效的管理和持续的成长。

管理者需要深刻理解这13条规律的重要性，因为没有一家成功的企业能够摆脱这些基础逻辑的影响。从战略制定的角度来看，任何有效的战略都应该基于这些基本规律进行构建。只有遵循这13条科学的企业发展规律，管理者才能制定出既科学又符合企业特性的战略，从而引导企业走向成功。这不仅是战略制定的科学依据，也是企业持续、健康发展的关键。

企业可以依靠这些规律确定自身需要打造的战略能力，然后再以策略合集的形式将这些战略能力分解为年度经营计划中的一个又一个具体项目。企业在制定战略时一定要依靠它们，只有这样制定的战略才科学有效。

需要注意的是，不同的企业即使处于同样的发展阶段，也可能需要依靠不同的规律来打造不同的能力，这是由企业自身实际情况所决定的。因此，**在应用13条基本规律时，企业一定要从自身实际出发，不要盲目照抄照搬他人的经验。**

思考与行动

★ 根据商业组织的进化阶段相关内容，判断一下你的企业正处于哪一阶段？

★ 你认为你所在的企业，当前阶段需要在哪一方面加强管理？

★ 说一说你的企业当前应用的管理方法是什么？这种管理方法在应用过程中遇到过哪些问题？

02

统一文化规律

反内耗策略目前已经从个人精神层面向企业组织层面实行了，因为越来越多的企业家发现，标语口号式的激励对于当下年轻人已经没有作用，金钱职位的提升带来的管理效果也只是暂时性的，只有统一思想、统一文化，才能够让组织内部停止内耗，真正"拧成一股绳"。

华为总裁任正非曾说:"资源是会枯竭的,唯有文化才会生生不息。" 是的,中华民族上下五千年,朝代更迭,建筑兴废,这片土地不知道经过了多少历史的洗礼,但中华文化却始终没有中断过。

资源有枯竭的时候,但有文化的力量在,新的一代就会开发出新的资源,生生不息。企业也是一样的道理,一家企业想要长期稳定可持续地发展,仅依靠已经拥有的资源是远远不够的。基业长青的企业,需要用文化将员工的思维和行为习惯统一,减少组织内耗,形成团队合力,从而创造更大的价值,获得更好的结果,最终形成良性循环。

德国商人莱因霍尔德·伍尔特曾说过:"与拥有崭新的厂房和设备但员工士气低下的企业相比,那些在简陋的厂房里用破旧的机器生产,员工却充满干劲的企业往往会取得更大的成绩。"

二战后,德国的制造业面临的问题是:基础设施的严重破坏,工业人才的大量流失,产业资金和工厂设备作为赔款流出国门。就是在这样一片废墟之中,德国工业站了起来,并一步步发展到今天,屹立于世界工业之林。著名企业如戴姆勒、西门子、大众等,专精企业如恩格尔、蔡司、海德汉、哈默等,几乎都经历过从一无所有到做大做强的过程。

那么德国企业是如何走出二战阴霾的呢?莱因霍尔德·伍尔特的话就是最好的答案。在战后恢复经济时,德国非常强调对于工业人才的培养,这种培养不仅体现在工业技术上,更体现在人才的思想上。德国政府告诉全社会要勇于承担二战责任,要同时肩负对战争的救赎和德国的复兴,那一代的德国工人,虽然面临着简陋的工厂、残破的设备,却依然能够迸发出强大的凝聚力和创造力,所有人都知道自己为什么工作，因而在工作中永远饱含着巨大的热情。德国也就是在这样的工人手中，一点点强大了起来。

企业文化不是简单的经营理念，而是企业所有目标和价值的集成，是一整套价值观、行为准则和习惯。将企业文化融入员工的工作习惯，让员工朝着同一目标努力，这样就能让企业保持高效运转。

反之，如果企业没有统一的文化，即便员工的个人能力再强，也会因为各有各的习惯、各有各的做事风格，而导致内部矛盾不断、内耗严重，员工之间很难协作、各部门之间难以配合，最终企业会被商业社会淘汰。

一、统一文化规律的内涵

企业文化是所有行为的根源，是企业赢得长期经营业绩的有力保障，是企业持续发展的内驱力。因此，打造统一的文化是所有企业首先要做且是必须要做的事情。所以，制定企业战略所要遵循的第一条规律便是统一文化规律。

统一文化规律，即统一企业内部的价值观、行为准则和习惯。践行该规律主要包括两个层次：一方面是将企业内部各种文化统一成一个文化；另一方面是将统一好的文化保持住。

企业文化不是一成不变的，而是随着企业发展步入不同阶段而不断变化的，处于不同阶段的企业需要匹配不同的文化，具体见表1.3。

表1.3 作坊生产企业与专业协作企业的企业文化

	作坊生产企业	专业协作企业		
		职业化阶段	专业化阶段	精英化阶段
价值观	·家庭优先 ·资源有限 ·追求全能 ·优胜劣汰	·团队协作 ·合作互信 ·传承 ·纪律严明	·追求进步 ·主动进取 ·勤奋工作 ·突破自我	·主人翁精神 ·社会责任感 ·创新
行为准则	·我愿意为家庭作出最大牺牲 ·我要争取更多资源 ·我要各方面做到最好	·我信任我的团队 ·我愿意和他人一起工作 ·我有义务帮助团队提高 ·做事有规则	·我享受挑战自我的快乐 ·我享受帮助他人的快乐 ·工作是为了自己得到提升	·我的努力是为了让社会变得更好 ·我要有益于社会 ·做正确的事情

续上表

	作坊生产企业	专业协作企业		
		职业化阶段	专业化阶段	精英化阶段
习惯	·家庭有事即时请假 ·会议中以提出批评性意见为主 ·称呼上级为老板 ·下级的每项工作成果都必须获得上级的签字通过	·管理者放权给下属 ·会议中以提出建设性意见为主 ·工作完成后及时进行资料归档	·工作有需求主动加班 ·主动承担具有开拓性、挑战性的工作	·上级观点有错误会主动指出 ·参与公益活动，为社会弱小者提供帮助

二、统一文化规律的应用

1. 作坊生产企业

作坊生产企业通常处于初创或小规模运营阶段。在这样的企业中，家庭和个人生活被高度重视，员工的家庭幸福是企业成功的基础。由于认识到企业资源是有限的，因此需要更加高效地利用这些资源，这也导致了一种追求全能的文化，鼓励员工多才多艺，能够适应多种工作环境和任务。同时，企业也强调竞争和效率，不断淘汰低效和不合格的员工。

在行为准则方面，员工愿意为家庭投入时间和精力，企业也会给予相应的支持。员工被鼓励主动寻求更多的工作资源和机会，以提升工作效率。企业则期望员工在各个方面都能达到最佳状态，包括专业技能和人际交往。

至于习惯，企业允许员工在家庭需要时灵活调整工作时间。会议通常鼓励开放和坦诚的沟通，即使是批评和反馈也是为了共同进步。在这样的文化下，称呼上级为"老板"反映了一种尊重。同时，为了确保工作质量和责任明确，下级的每项工作成果都必须获得上级的签字通过。

通过这样一套完整的价值观、行为准则和习惯体系，作坊生产企业能够建立一种与其发展阶段相匹配的文化，在激烈的市场竞争中存活下来，并保证员工的稳定性和留任率，从而更好地推动企业的健康发展。

2. 专业协作企业

（1）职业化阶段

价值观方面，在职业化阶段的专业协作企业，企业文化通常更加成熟和专业。**这一阶段企业的价值观主要集中在团队协作、合作互信、传承和纪律严明等方面。**

团队协作：被视为推动企业成功的关键因素，因此建立一个互信和高效的团队环境是至关重要的；

合作互信：不仅定义为团队内部成员之间的信任，还包括与其他部门和外部合作伙伴的信任；

传承：意味着企业有一套成熟的工作方法和企业文化，需要被新一代员工继承和发扬；

纪律严明：体现在每一个工作细节和流程管理上，确保企业运营的高效和规范。

行为准则方面，员工被鼓励信任他们的团队，愿意与团队成员共同合作以达成目标。此外，每个员工有义务帮助团队提高，无论是通过分享知识、技能，还是通过提供有益的反馈和建议。做事有规则，意味着在执行任务或项目时，都需要遵循一定的流程和标准，以确保质量和效率。

习惯方面，管理者更愿意授权下属，让他们有更多的自主权和责任感。这样不仅能提高团队的执行效率，还能促进员工的个人成长。会议通常以提出建设性意见为主，是为了解决问题和推动项目进展，而不是仅仅为了批评或者责备。工作完成后，员工有责任及时进行资料归档，便于信息的保存和后续的数据分析。

总体而言，职业化阶段的企业文化强调的是专业性、团队合作和持续改进。通过这一系列的价值观、行为准则和习惯，企业能够建立一个高效、和谐和持续发展的工作环境。

（2）专业化阶段企业

当专业协作企业发展到专业化阶段时，往往已经有了比较成熟的团队、清晰的组织架构、一定的行业经验，也取得了不错的业绩，这时之前所打造的能力已经不足以支撑现有的规模，之前的文化也会慢慢与现阶段脱节，这时企业就需要打造新的能力，建立新的企业文化。这时企业匹配的价值观是：**追求进步、主动进取、勤**

奋工作和突破自我。

追求进步：企业要让员工建立正确的是非观，坚持一定的原则，坚持去做正确的事情，不因为追求自己的利益而损害企业的利益；

主动进取：要让员工追求自我成长，积极主动去做一些事情，而不是消极、被动去完成任务；

勤奋工作：要让员工养成敬业的习惯，平衡好个人生活与工作的关系，将自己的工作安排好；

突破自我：要让员工学会自省、自我学习、不断实践，从而突破自我，让企业发展到更高阶段。通过这一阶段的努力，企业就具有了追求进步的能力，主动进取的能力，勤奋工作的能力和突破自我的能力，企业也就打造出了专业化能力。

总体来说，专业化阶段的企业文化是一个以不断进步和优化为核心，强调个人成长和团队合作的文化体系。通过这样的价值观、行为准则和习惯，企业能够在激烈的市场竞争中保持持续的发展和足够的竞争力。

（3）精英化阶段企业

当专业化企业迈入精英化阶段后，说明企业已经在行业内有了足够的地位，在业务上取得了巨大的成功，这时企业需要主动承担更大的社会责任和行业责任，所以要建立与之相匹配的企业文化，也就是精英化文化。**这一阶段，企业价值观方面强调：主人翁精神、社会责任感和创新。**

主人翁精神：企业要让员工把自己当成企业的主人，发现对企业不利的事情要敢于站出来反对，对企业有归属感，把企业当成自己的家；

社会责任感：企业还要让员工拥有较大的格局，对社会也有强烈的责任感，只做对社会有利的事情；

创新：要让员工不是仅为了自己，更为了整个行业和整个社会的发展而积极创新。如果员工的思维理念已经达到这样的高度，那么企业就进化到精英化阶段，就建立了精英化的文化。

总之，企业处在不同阶段时，需要打造与之相匹配的文化能力。根据不同阶段的具体情况，企业需要打造和保持的能力又有所不同，具体见表1.4。

表1.4 企业不同阶段需要打造和保持的文化能力

不同阶段需要打造和保持的能力	打造与保持职业化文化的能力	打造与保持专业化文化的能力	打造与保持精英化文化的能力
具体内容	1.团队协作的能力 2.合作互信的能力 3.传承的能力 4.纪律严明的能力	1.追求进步的能力 2.主动进取的能力 3.勤奋工作的能力 4.突破自我的能力	1.主人翁精神的能力 2.社会责任感的能力 3.创新的能力

有位管理学者曾说："文化就是土壤，管理就是庄稼。文化的作用就是刨松土壤、施好肥，管理的作用就是种好庄稼、打粮食。如果文化不能产粮食，也就没有价值。没有一块好的土壤，就长不出庄稼来，有效的管理一定要在一个鲜明的文化体系下才能生长。"

文化是管理的地基，如果企业文化没打造好，即便勉强搭建起先进的企业最终也会倒塌。所以企业首先要搭建好企业文化，将文化统一起来，才能有其他可能。

同时，企业不仅要打造统一文化，还要设置一些制度让企业文化不断得到强化，以此来保持文化的鲜活性，这样才能让企业得到持续发展。

总体来说，统一文化规律有助于统一员工的工作行为，减少内耗，提高企业内部的沟通效率，让企业保持良好的工作氛围，从而提高员工的工作积极性，让组织达到自动运转的状态，促进企业高效发展。

思考与行动

★企业为什么要统一内部的文化？如果文化不统一会产生什么样的后果？

★分析一下你所在的企业目前处于什么阶段？

★在目前阶段企业应打造什么样的文化？要如何去打造？

03

素质规律

组织参与者的素质决定了组织的素质，那么在既定的参与者不变的情况下，如何提升组织的素质呢？这个困扰无数企业家的难题就是本节所要阐述的内容。

一个企业，如果所有人都是庸庸碌碌的无能之辈，即便有再好的管理，也总是会处在低效运转的状态。而如果企业中的员工都是人才，大多数人都有着不错的工作技能和工作态度，那么辅以好的团队管理，就能够让企业呈现出蒸蒸日上的态势。

素质突出的员工，会让企业的运转更加高效，这便是素质规律揭示的企业管理的底层逻辑。

第二次世界大战，德国战败后，其经济和国际地位都受到前所未有的冲击，一度从欧洲前端强国沦落为边缘弱国，但是仅仅几十年后，德国就通过一系列的改革再次成为欧洲势力中不可小觑的强国，它是如何做到的？

据很多专家分析，战后德国之所以这么快得到恢复，主要得益于德国的教育系统。早在18世纪德国（普鲁士王国）就率先公布了《义务教育法》，规定父母必须让6岁到12岁的孩子去上学，通过这种强制规定提升了德国人的素质；1871年，整个德国开始设置中等学校的升学考试，这让德国的学校教育开始向系统化、国家化方向发展，德国开始涌现出大批世界级科学家，比如爱因斯坦、伦琴、希尔伯特、普朗克等，德国也从这时开始崛起。

马丁·路德·金说："一个国家的繁荣，不取决于其国库的殷实，不取决于其城堡的坚固，也不取决于其公共设施的华丽，而取决于其公民的素质，也就是人们所受的教育、人们的远见卓识以及品格的高下。这才是一个国家真正利害的地方，也是其真正的力量所在。"

国民受教育的程度跟国家的经济发展有什么关系呢？国际著名咨询公司麦肯锡

在一则针对性的报告中指出：如果在 1983 到 1998 年间美国 15 岁孩子的文化素质能达到芬兰或韩国同龄孩子的水平，那么到 2008 年美国的 GDP 应该比实际水平高出 1.3 万亿美元到 2.3 万亿美元，大概相当于 GDP 的 9% 到 16%。如果在 1998 年美国的非洲裔和拉美裔学生能达到白人学生的教育水平，那么 2008 年美国的 GDP 则多出 2% 到 4%，即 3 100 亿美元到 5 250 亿美元。如果在 1983 到 1998 年间美国贫困学生的教育程度能赶上中产阶层，那么 2008 年的 GDP 则会增加 3% 到 5%。

从德国的案例和麦肯锡所做的调研报告可以看出，民众的素质会直接影响到生产力和国家的经济发展。类似的情况比比皆是，人员素质是决定国家（组织）发展的基础。国家需要高素质人才作为发展动力，企业也是同样的。

从教育程度上来看，近些年，一些发展中国家对于教育的重视，已经让国民整体素质得到了巨大的提升，但是相比于发达国家，这些发展中国家的教育水平还不是很高。发达国家更注重素质教育，它促使发达国家社会人才呈现这一状态：一些人才在自己擅长的领域极有建树，在不擅长的领域则空白。相比之下，一些发展中国家采取的更多是模式教育，培养了很多通才，但在个性化方面略有不足，这就导致了发展中国家在创新领域始终乏力。

一、素质规律的内涵

回归到企业管理层面，企业发展需要的是稳定和创新，首先要追求稳定，在稳定的基础上，才需要去追求创新，即加大力度招聘某一领域的尖端人才。

一个企业如果是由工作效率高、理解能力强、协同工作配合好的高素质的员工组成，那么企业的工作效率就会比较高，这时再引进尖端人才，就会让企业爆发式发展。反之，如果企业存在大量不职业的员工，那么企业发展就会非常乏力，此时如果出现尖端人才，反而会让企业陷入动荡。所以，企业首先要解决的就是员工基本素质的问题，这就是企业发展的另一个重要规律——素质规律。

员工在工作中总会面临各种各样的问题，职业素质好的员工，作出正确的选择和高效解决问题的概率就会比较高，工作在他们手中出错的概率就比较低。

企业统一文化以后会发展成什么样取决于全体员工的素质，企业管理者制定战略时，一定要遵循素质规律，通过对员工的全面教育来提升员工的素质，以此保证企业的高速发展。

二、素质规律的应用

企业管理者可以按照以下三个步骤来遵循素质规律：

1. 打造培养与发展职业素养团队的能力

根据员工的工作内容不同，可以分别侧重打造他们的职业素养。

（1）对于文职类或从事管理工作的员工，企业可以侧重培养他们的商务聆听、商务演讲、理解商务概念、商务写作、项目管理五个方面的能力

商务聆听：主要是引导员工建立正确的商业思维习惯；

商务演讲：通过教育让员工能顺畅、简洁地表达出自己想要表达的思想；

商务概念：通过教育让员工养成使用商务词汇、使用专业概念等习惯；

商务写作：让员工有能力按照既定的格式去书写某些内容；

项目管理：让员工养成流程化处理工作的方式。

以上五项能力是商业活动中所需要的最基本的一些能力，也叫基础素养，见表2.1。企业通过基础素养教育让员工养成符合企业发展的五方面工作习惯，从而形成一套企业自身的素质体系，来保证组织的高效运行。

表2.1 基础素养

分 类	主要培训内容	考核预算	职业素养分	带教负责人
商务聆听	聆听与理解，增强聆听能力 有效提问 锻炼思考与解决问题的思维能力 ……			
商务演讲	口头工作汇报 信息反馈技巧 讲演、销售技巧培训 掌握演讲控场技巧 ……			
商务概念	基本商务词汇专业概念 学会月度专业商务报告 信息收集能力培训 ……			

续上表

分类	主要培训内容	考核预算	职业素养分	带教负责人
商务写作	学习计划书、各类报告、商务文书撰写 专业模块对等训练（绘图、制表等） ……			
项目管理	项目管理原理 执行技巧训练 岗位工作流程培训 统一行为模式 ……			

（2）对于企业里的工人，企业可以侧重于培养他们的 5S 管理能力

5S 管理也叫 5S 现场管理，主要是指在生产现场对人员、机器、材料、方法等生产要素进行有效的管理。5S 是整理（SEIRI 日语发音，下同）、整顿（SEITON）、清扫（SEISO）、清洁（SEIKETSU）、素养（SHITSUKE）五个词的缩写，后来又加入了安全（SAFETY）、节约（SAVE）、学习（STUDY），变成了 8S。不管是 5S 还是 8S，其本质都是让员工在日常工作中养成流程化处理问题的基本习惯。

企业通过听说读写行的能力培养和 5S 管理可以提高员工职业素养，在员工的能力得以培养后，还要注意监督管理，让企业能一直保持这种能力，只有这样好的习惯才能一直保持下去并发挥作用。

2. 打造培养与发展管理素养团队的能力

企业员工除了要掌握职业素养外，还要有一定的管理能力，尤其是企业中的管理人员一定要养成优良的管理习惯，这就是管理素养，见表 2.2。企业通过培养管理人员的管理素养，提升管理人员的管理能力，进而来提升整个团队的"战斗力"。

表2.2 管理素养

管理大学一年级	管理者职业与素养 管理的原则与方法	与上级工作 直接经理的职业 与工作内容	团队建立与角色划分
管理大学二年级	组织行为学1 中级项目管理 职业规划 流程建设与优化	沟通与冲突管理 人员性格分析与任用	品牌量化管理 目标成本与预算 产品供应链概述
管理大学三年级	组织行为学2 年度经营计划管理 部门战略规划 规则建立（原则与标准） 组织架构与编制管理	危机管理 部门文化建设 下级性向分析与 培养晋升	
管理大学四年级	组织行为学3 战略规划 制度	企业文化建设 高级人才管理	

企业打造管理素养时，可以先将管理人员按照当前的职业素养水平进行划分，然后定位他们所处的阶段，并在此基础之上对他们进行强化培养。可以把打造管理素养分成四个不同的阶段，把它们命名为管理大学一年级到四年级。

管理大学一年级：主要打造基础管理者，让这些人员对管理有所认识，知道什么是管理；

管理大学二年级：主要打造初级管理者，比如企业中负责管理项目的项目经理；

管理大学三年级：主要打造的是中级管理者，比如总监等；

管理大学四年级：主要打造的是高级管理者，比如总经理。

企业通过将处于不同层级的管理者"送往"对应的年级段，对不同类型、不同水平的管理者进行培养，让他们拥有与其职位相匹配的能力，这样工作起来也更加得心应手。

在管理大学的四个年级中，一年级课程主要针对基础管理者，但这却是管理者最基础也最重要的一个学习阶段，因为这个阶段所学的内容是所有走上管理岗位的员工都需具备的基础知识和技能，是建立管理习惯和养成良好管理素养的重要阶段，企业要重视管理大学一年级的建设。有些企业的战略总是无法落实，有可能就是管理者素质没达到所致。

3. 打造培养与发展专业素养团队的能力

企业除了打造员工的基础素养、管理素养外，还要打造专业素养，以提高员工的专业化水平。专业素养，见表2.3。

表2.3　专业素养

公共专业素养	提升分值	岗位专业素养	提升分值
企业运作原理	××分	人力资源部素养点	××分
消费者行为学	××分	总经办素养点	××分
组织行为学	××分	销售部素养点	××分
生产安全知识	××分	市场部素养点	××分

一个所谓的专业人士，在解决问题时应该不仅知道理论，还要了解问题背后的逻辑和规律，并能从规律中找到一套工作方法付诸实践。只有将理论、方法论和实践三者完美结合在一起，做到了知行合一，才能称为一个专业人士。

所以，提高员工的专业素养就要对企业各个岗位上的员工进行培养，让他们了解与岗位相关的一些理论，知道一些相关的方法论，在理论和方法论的指导下进行实践，逐步变得专业化。

如何一步步提升员工的专业化程度呢？企业可以针对不同部门打造不同的专业化，通过各部门专业化来提升全体员工的专业化程度。打造的时候从理论、方法论和实践三方面入手，查漏补缺、补齐短板，每个部门都要如此。

比如想要打造财务部的专业化，那么首先明确财务部的管理理论是什么？财务部的工作流程有哪些？具体实践中怎样让理论、方法跟企业具体情况整合在一起？看看财务部哪些地方有欠缺就补哪些方面……

在践行素质规律时，企业要对内部每个部门逐一强化，最好设立一个专门的部门去负责这件事。这意味着，每个部门都将拥有一套自己部门的运作使命、相对应的理论和相对应的流程，每个流程又有一定实践案例的支撑，这样每个部门都可形成一套从理论到方法论的思想，这样员工就能明确每项工作的背景脉络，就能轻松理解和管理自己的工作，知道怎么做、如何做，也知道为什么要这样去做。这样就建立了专业的市场部、专业的销售部、专业的人力资源部、专业的财务部等，也就建设出了专业化的团队。

有时有些战略无法实现，是因为团队素质没有达到，如果没有理论，不懂规律，团队也很难上升到既定的高度。将战略融入年度经营计划，再分解成项目都需要企业管理者具备很高的素质，项目的落实也需要普通员工具有相应的素质。素质规律跟统一文化规律一样，涉及每一个员工，是制定战略需要遵循的一个重要规律。

思考与行动

★你知道素质规律吗？你认为企业提升员工的素质，可以给企业带来哪些好处？

★你所在的企业有进行团队素养能力提升相关的培训吗？

★你所在企业各个部门达到专业化阶段了吗？如果没有，应该怎么分步打造？

04

规则规律

规则规律可以帮助企业家在组织中形成规范化的、要求成员共同遵守的行为准则，从而为组织带来更高的效率和协同效应。规则的制定绝不是教科书式、一成不变的，而要根据情况调整迭代，因此企业是否具有这方面的能力就显得尤为关键。

汉宣帝是西汉有名的中兴之主。一次，他的继承人刘奭劝他重用儒生，他说了这样一段话："我大汉立国，自有制度，本以霸王道杂之，何以要单纯任用德教，况且儒生迂腐，不达时变，喜欢是古非今，使人眩乱于名实，不知何去何从，岂足委任！"

这段话是记载在《汉书》里面的，并因此留下了一个成语——柔仁好儒。西汉确实是从刘奭也就是后来的汉元帝时期开始走向没落的，而没落的原因恐怕也与刘奭打破汉朝既定的行政规则而没有建立起新的行政规则有关。

用汉宣帝的话就是，汉朝本来是用王道和霸道的规则治理天下的，而那些迂腐的儒生，打破旧规则却不建立新规则，做事情全凭兴趣，怎么能让他们治理天下呢？

常言道"没有规矩不成方圆"，治理一个国家需要有规则，管理一个企业也是同理。企业的规则就是建立一套全员共同遵守的准则，让员工在一定的框架下工作，按照一个既定的程式推进事情，按照一定的方法调配资源。企业如果能够做到这些，便能够让员工之间充分协作起来，避免因人员配合问题而产生内耗。

企业是一个需要将自由与规则相互结合的地方，在规章制度方面，企业要求员工要统一遵守；在发挥个人潜能方面，企业又会给员工充分的自由。例如，同样岗位的同样工作，甲与乙的创意不同，但只要能把工作做好，这都没有关系。但如果企业制定了9点上班的规则，10点来的员工就是迟到，必须按照制度惩罚，否则员工想迟到就迟到，企业也就不称为企业了。所以，规则规律也是企业制定战略所要遵循的底层规律之一。

一、规则规律的内涵

规则规律的本质是组织中形成规范化的、全体员工都遵守的行为准则。如果员工都能按照统一的规则行事，那企业内部就能标准统一，团队管理就有法可依，企业就能拥有一个公平公正的工作环境，进而吸引更多的人才，减少内耗，实现健康发展。

企业规则主要包括制度、规定、流程或标准这三方面的内容。制度不是具体的办法或措施，而是处理问题应坚持的原则，是所有规则的根本。很多著名企业都有自己独有的制度，例如华为就有《华为基本法》，这是华为用来制定其他行为规则的依据。

因为制度只涉及原则，没有具体的执行细则，所以企业需要从制度中延伸出一些具体的规定，如财务规定、销售规定、品牌管理规定、人力资源规定等。企业各部门有了具体的规定后，每项工作具体的执行还需要有详细的流程和标准。这就像先有了宪法，然后有了具体的法律后，还需要一个执行细则，用来明确法律执行的步骤流程和标准。

三者之间的关系可以通过汽车轮毂、轮胎和防滑层的比喻来形象地描述，如图 2.1 所示。制度就像是汽车的金属轮毂，它是承载整个车辆的基础；规定就像是橡胶轮胎，它为车辆提供了缓冲和弹性，使车辆能够适应各种路况；而流程标准则像是轮胎外的防滑层，它能确保车辆在各种路况下都可以稳定行驶。

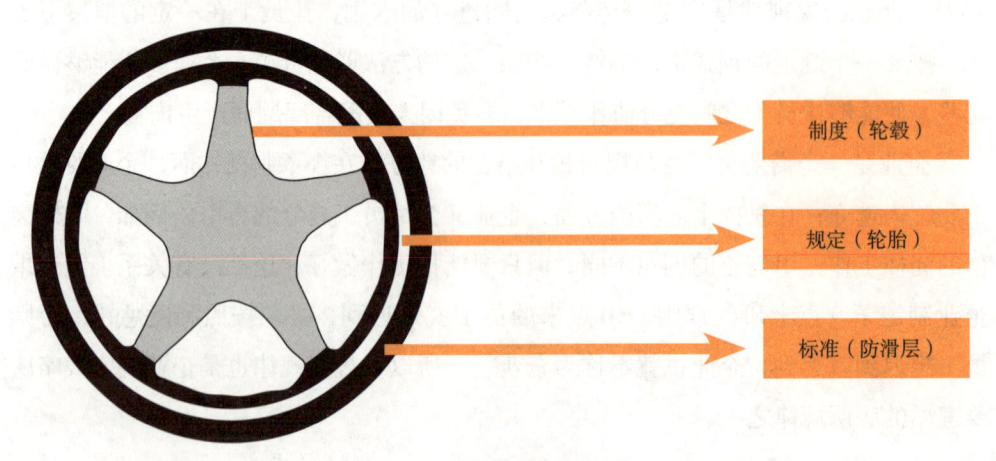

图2.1　形象化的企业规则

二、规则规律的应用

企业不仅要有建立制度、规定、流程或标准的能力，还要有不断丰富和完善企业规则的能力。想要做到这些，企业管理者可以从以下三个方面来践行规则规律：

1. 打造建立制度、规定、流程或标准的能力

在企业管理中，打造建立制度、规定、流程或标准的能力是至关重要的。这不仅有助于确保组织内部的高效运作，还能为员工提供明确的工作方向和行为准则。

首先，企业管理者需要利用规则规律来构建一个健全的制度体系。这一体系应涵盖企业的各个方面，从远景使命和核心价值观到具体的工作流程和操作指南。制度体系的建立能确保所有员工都明确企业的基本原则和出发点，从而减少在处理事务时的不确定性和混乱。

其次，针对不同部门和职能领域，管理者需要制定具体的规定和指导方针。这些规定应根据各部门的特性和需求来定制，以确保它们能有效地指导员工在具体工作中的行为。例如，销售部门需要一套详细的客户关系管理规定，而生产部门则需要一套严格的质量控制规定。

最后，对于一些常见但复杂或很关键的任务，管理者应制定详细的操作流程或标准。这些流程和标准不仅能为员工提供明确的操作指南，还能确保任务能够按照预定的质量和效率标准来完成。

通过这一系列的制度建设，企业能确保所有的工作都有明确的规范和标准可依，从而提高工作效率和质量。员工也会更加明确自己的工作职责和执行标准，知道如何更有效地完成工作。这不仅有助于提升企业的整体竞争力，还能增强员工的工作满意度和归属感。

2. 打造维护制度、规定、流程或标准的能力

在制度、规定、流程或标准建立之后，维护这些规则的能力同样至关重要。一个优秀的企业不仅要有能力制定出全面和实用的规则，还要能确保这些规则得到有效的执行和维护。

企业管理者和员工都应该具备强烈的规则意识。只有当每个人都认真对待并遵守规则时，规则才能真正发挥其应有的作用。这就需要企业在员工培训和日常管理

中，不断强调规则的重要性，并通过各种激励机制来鼓励员工遵守规则。

以日本著名企业家松下幸之助为例，他对公司规则的严格执行和维护，是松下电器能够成为全球知名企业的关键因素之一。当因为司机问题而导致他上班迟到时，他并没有选择随意处置，而是严格按照公司的规则，对包括自己在内的七个相关责任人进行了处罚。这一事件充分体现了松下公司对维护规则的重视，也为员工树立了遵守规则的良好典范。

总体而言，维护制度、规定、流程或标准的能力是企业长期稳健发展的关键。只有当企业能确保规则得到有效执行和维护时，才能真正建立起一个高效、有序和可持续发展的组织体系。

3. 打造发展制度、规定、流程或标准的能力

在企业发展过程中，制度、规定、流程或标准的建立和维护都是至关重要的，但同样关键的是企业对这些规则的持续发展和完善的能力。

在建立起制度体系后，企业还需要建立一个持续的反馈机制，确保可以从各个层面和各部门收集到关于规则执行的反馈。这些反馈可以帮助企业及时发现规则中存在的问题和不足，从而进行相应的调整和完善。

此外，企业还应定期进行规则的审查和评估。这不仅包括对现有规则的评估，还应该考虑到外部环境的变化，如市场变化、技术进步、法律法规的更新等，确保规则始终与外部环境相适应。

综上所述，企业不仅要注重制度、规定、流程或标准的建立和维护，更要注重其持续的发展和完善，确保其始终与企业的实际情况和外部环境相适应，从而更好地指导和推动企业的健康发展。

一家企业能让规则发挥作用，让所有员工都自觉遵守，并且还能不断优化，这也是一种能力，这种能力对企业来说是非常重要的。如果企业能严格践行规则规律，就能让管理团队有法可依，让企业内部标准统一，让工作流程化，让员工的工作效率大大提高，从而提高企业综合能力。当然，企业也应该避免出现因规则而衍生的

教条主义或官僚主义，人为过度解释规则，因为这样往往会限制企业的发展。

在辅导一些企业做战略时，发现有些企业学习力不足，即使勉强将战略制定好，执行起来也很费力，最后结果也是不尽如人意；但有的企业学习能力就很强，战略落地也很顺利，最后结果也很理想。

为什么会出现这样的情况？那些做得好的企业在文化、素质、规则这三方面都做得不错，而那些做得不好的企业都没有统一的文化，没有高的素质，规则体系更是混乱不堪。试问，后者这样的企业怎么能做到科学管理？怎么能做好项目管理？又怎么能实现战略目标呢？

有些企业最缺失的就是底层的能力，它们完全没有统一文化能力，素质能力往往只有一点点，规则能力也仅有个皮毛，这样做战略时就会很吃力。所以，企业在做战略之前，一定要先将基础打好，首先就需要打造统一文化能力、素质能力以及规则能力，只有将这些底层能力打造好之后，才能方便在上面"添砖加瓦"。基础能力还不具备，就想打造更高阶的能力，就如同还没学会走就想跑，必将非常吃力，并且效果也不好。

思考与行动

★ 企业为什么要制定规则？

★ 你所在的企业有遵循规则规律吗？

★ 试着分析你所在企业的员工管理手册中的内容，看看哪些是制度，哪些是规定？

05

科学管理规律

21世纪的管理学已经从初期的经验管理转变成为科学管理，科学管理是建立在统计学基础上的，要对管理的细节进行量化，在量化的基础上寻找规律。具体到每一家企业的管理也是如此，建立一套科学管理方法，让企业的运转变得可控，是企业发展壮大的关键。

当企业有了统一的文化，有了高素质的员工，规则体系也建立起来之后，此时就需要一套行之有效的管理方法，这套管理方法能将企业里的人和事管理得井井有条，让每位员工都能在适合的岗位上高效地完成自己的工作。

世界上最行之有效的科学管理方法是什么呢？是时间、货币、计量单位……想想无论到任何地方，一个小时就是六十分钟；无论在哪一个地区一百元人民币就是两个五十元人民币。正是这种放之四海皆准的统一规则，才能让社会能够运转。可以想象，如果一个企业能够在内部建立起像时间、货币一样的标准方法，那么它的正常运转便不会出现问题。

秦始皇统一六国之后，马上推行郡县制，统一了货币、文字、度量衡，修建驰道，并巡游天下，他的目的就是让整个国家完成从内而外的大一统。统一货币、文字、度量衡这些便是让国家实现大一统的科学方法。

建立一套科学管理方法，让企业的人和事都变得可靠，运转变得可控，让管理具有可预见性，这就是科学管理规律揭示的管理的底层逻辑。

一、科学管理方法对于企业管理的意义

科学管理方法是用量化的方式去管理，而不是凭经验、靠感觉去管理。例如在制订年度经营计划时，有些企业仅根据上一年度的营业收入设定了一个增长目标就算制定出当年的年度目标了，然后再将目标直接分解到不同的部门，最后分解到不同岗位的工作人员。这种做法就是凭经验、靠感觉的做法，是不科学的。

使用不科学的管理方法管理企业会怎样呢？那就是倒逼组织产生一种与规则相抵触的"潜规则"。在货币史上有几个有趣的案例能很好地说明这一点。

刘备在统治蜀地之后，因为府库没有钱，于是想出了一个高招——发行直百钱。

所谓直百钱就是刘备发行的一种铜钱，铜钱上刻有"直百"两个字，蜀汉官方规定一枚直百钱可以换一百枚普通铜钱。

汉末三国时期，民间沿用东汉发行的五铢钱，所以商品能够流通。然而刘备这个直百钱一没有储备资源，二没有民间信用，仅仅靠蜀汉政府的强制政令，这几乎就是直接掠夺民财了。结果如何呢？蜀地的百姓完全放弃了使用铜钱，而采取以物易物的方式进行交易，而边境的百姓则更多将货物销往东吴和曹魏。

同样的，明朝在早期也发行过所谓的"宝钞"。宝钞就是明朝政府强制民间使用的纸币，但这种纸币没有储备金，也不允许和官方兑换，只能在民间流通。政府用宝钞换百姓的货物，百姓却不能用宝钞换政府的金银，那毫无疑问宝钞就形同废纸。而因为印制宝钞没有任何成本，政府越印越多，越发越滥，百姓苦不堪言，商品经济完全崩溃，最后明朝政府都不得不废弃了宝钞。

不科学的管理方法，就如同不考虑实际情况的货币一样，最终不但会打破正常的组织秩序，更会让组织自己产生出一套与之相抗衡的秩序。有些企业财务规则制定异常烦琐，但内部报销却单独有一套流程，这就是因为财务规则的制定不科学，但报销工作还必须存在，从而产生了一套行之有效的"潜规则"。

潜规则对于企业是一种巨大的伤害，所有的管理者都要极力避免，让规则摆到台面上来。因此，管理者必须意识到科学管理的重要性。

二、科学管理规律的内涵

人在生活中的决策可以凭借经验、感觉来作出，企业中的决策则要基于事实、数据和规律来作出。通过科学管理规律，企业可以增加决策的科学性，减少决策的失误，从而节约企业资源，提高决策的效率。

科学管理规律，就是把数学化、量化的方法运用到管理中，让管理科学化，从而提高决策的有效性。在这个过程中量化是一个关键词。

量化管理是现代科学管理的终极模式，是一种基于市场研究和调研数据作出营销量化决策的科学管理思想，它覆盖了管理领域的多个关键任务。量化管理是在对全球上百家百年标杆企业跟踪对比、总结分析后得出的为数不多的适用于大多数企业的"秘密武器",它从根本上回答了建立"百年企业"的最终方法是什么。所以说,企业必须要重视以量化管理为代表的科学管理。

以制订年度经营计划来说,应采用的科学方法是根据战略目标,由上到下制订,不仅有目标,还应该有实现目标的策略、方法,做事的具体流程,以及资源的配置、相关人员的安排、考核激励措施等。

这里涉及的人和事的考核都有一套量化的体系,需要通过数字直观表示出来,而不是仅凭领导随机的想法。一些企业作决策仅凭管理者过去的经验甚至直觉,这也是不科学的。这种靠经验或直觉作的决策更像是赌博,正确的概率可想而知是不会高的,而依靠科学的决策方式正确的概率则会高很多。

有些企业将科学管理规律运用得很好。例如在研究客户真正需求的工作和项目上,企业会完成一套需求分析模型。它们的模型会从各方面收集客户的相关数据,对数据进行整理和分析,并分配相应的标签,通过这些标签和自身产品的标签相互关联,推送拥有相同标签或近似标签的产品,这些产品会按照相似度进行排列,系统会按照不同层级的相似性产品向客户进行试"推送",通过统计客户的点击和购买以及停留时间来分析拥有哪种相似度标签的产品对客户的吸引力更大,一旦这种试推送的数据经过了几轮或者十几轮的收集,那么得到的数据就具备了一定科学性,系统就能拥有这些具有科学性的数据,进而将客户需要的产品精准推送到不同的客户面前。通过分析模型,企业就能快速抓住客户需求的关键点,这样企业所作的决策就有了科学数据的支撑和科学的分析。

一些拥有互联网思维的企业正是通过运用科学管理规律实现了科学决策,取得了快速的发展。这些遵循了科学管理规律的企业,它们的组织结构更合理,工作流程更便捷,决策更科学,资源利用率更高,发展也更快。那些在普通企业中经常出现的让人头疼的问题,在这些企业中很难看见。

三、科学管理规律的应用

科学管理规律可以应用到企业管理的方方面面,可以说,任何流程环节、任何工作岗位,都可以找到应用科学管理规律而达到改进跃迁的机会。而在企业管理的多种细节中,企业管理者可以从以下几个常见的方面入手,尝试着去践行科学管理规律：

1. 打造战略管理的能力

战略是企业的未来蓝图，关乎企业的生死存亡，如果管理不善就非常危险。因此，企业需要具备科学的战略管理能力，确保对战略有正确的理解，制定合适的战略，并确保战略的有效实施。这包括了对战略的认知、制定、执行，以及明确在执行过程中所需的工作方法、管理和运营体系。

2. 打造计划管理的能力

企业的年度经营计划不只是设定一个目标，更重要的是如何实现这个目标。企业需要具备科学的计划管理能力，确保年度经营计划的制订是科学的、具有可行性的，并且能够明确指导企业的每个部门和员工的工作。这意味着企业不仅要设定目标，还要明确实现目标的具体方法、路径和所需的资源，确保每个环节都有明确的指导和支持。

3. 打造项目管理的能力

为了确保战略目标的实现，企业需要将战略科学分解，变成年度经营计划中的一个个项目，并对每个项目进行科学的管理。这要求企业具备项目的分解、执行和监督能力，确保每个项目都能够按照既定的目标和时间线进行。此外，项目管理还涉及与其他部门的协调、资源的分配和风险的管理等多个方面。

4. 打造流程管理的能力

量化管理需要项目化，每个项目的实施都需要一套相对成熟的流程来指导，所以企业还要具备流程管理的能力。流程管理能力包括项目的立项、采购、执行、评估等各个环节，每一个环节涉及的流程都应以模块化的形式导入企业的流程库，这样其他员工就能通过可视化的流程模块了解该项目是怎样推进的，也就知道怎么去完成这个项目了。企业通过这种"共享式"流程库的方式，可以让新来的员工快速跟进项目，并能快速理解项目管理的本质，让战略目标得以实现。

5. 建立薪酬绩效与职业发展体系

科学的薪酬绩效体系和职业发展机制是留住人才的关键，这对企业的成长至关重要。在量化管理中，薪酬是基于固定工资和浮动工资来设计的，其中固定工资是根据职业能力确定，而浮动工资则是根据工作成果来计算。对于中高层管理者，他们的薪资采用年薪形式，不纳入常规薪酬体系。企业的薪酬制度应该是公正的，按劳分配，而不是基于人情关系。量化管理提供了一个明确的、客观的薪酬计算方式，使员工能明确知道如何工作以获得预期的报酬。具体关系如图2.2所示。

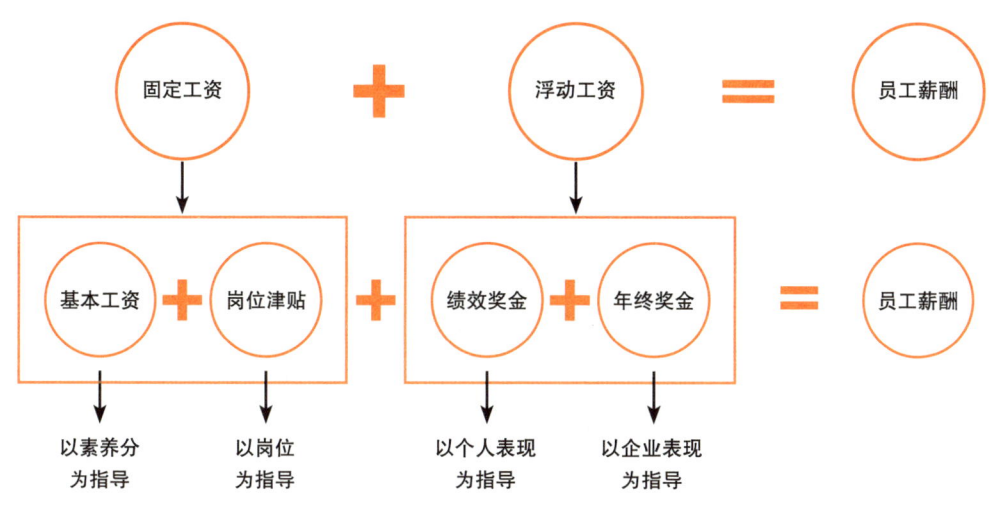

图2.2 员工的薪酬结构

在量化管理中，企业采用"职业发展路径——Y型图"（图2.3）作为员工的职业发展规划，确保员工有明确的发展方向和目标。员工入职后，经过技能培训和述职汇报，会被分配到初始职级，如T1/A1或M1。随着他们在企业中的成长，他们也会根据自己的职业素养得分晋升到更高的职级。

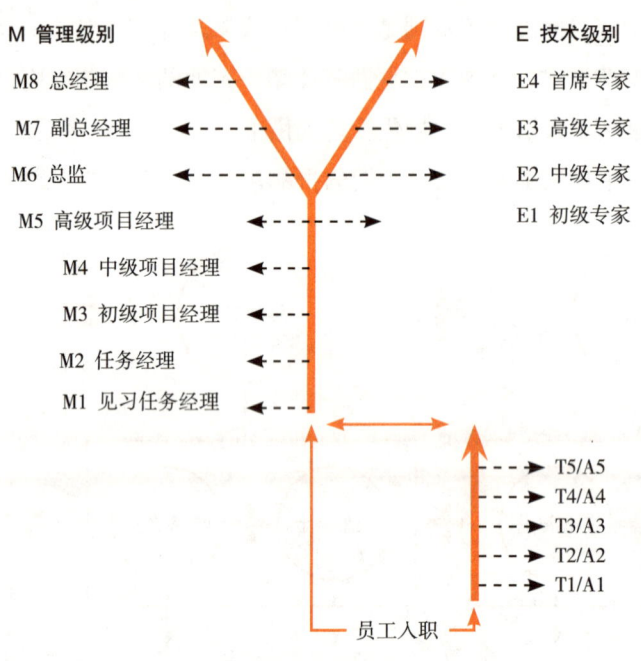

```
M 管理级别                              E 技术级别
M8 总经理      <------              ------> E4 首席专家
M7 副总经理    <------              ------> E3 高级专家
M6 总监        <------              ------> E2 中级专家
M5 高级项目经理 <-----                       E1 初级专家
M4 中级项目经理 <-----
M3 初级项目经理 <-----
M2 任务经理    <-----
M1 见习任务经理 <-----
                                     ------> T5/A5
                                     ------> T4/A4
                                     ------> T3/A3
                                     ------> T2/A2
                                     ------> T1/A1
        员工入职
```

图2.3　职业发展路径——Y型图

M1级的员工主要负责基础工作，需要学习基础的专业知识和管理技能。随着经验的积累，他们可以晋升到M2，成为初级项目经理，负责执行项目任务。M3级的员工已经具备了项目管理的能力，需要进一步学习高级的管理知识和沟通技能。到了M4级，员工可以选择管理或技术发展方向，继续晋升。

企业的目标是确保每个员工都在合适的位置上充分发挥其潜力。员工的发展路径是他们自己的选择，但企业会提供必要的支持和指导。管理者需要确保员工了解自己的发展路径和晋升要求，使他们有明确的方向和目标。

此外，量化管理模式下的职业发展规划还强调管理与技术并不是完全割裂的，希望员工能够在两者之间找到平衡，真正获得广阔的发展空间。为了稳定新员工，企业还会在入职初期明确告知他们晋升路径和要求，帮助他们更好地规划自己的职业生涯。

6. 打造知识库管理的能力

企业知识库是国际企业培养人才的一个基本方法，也是培养成本最低的一种方式。企业建立知识库比较理想的方式是导入项目管理，因为项目管理是一整套规范的工作模式，每个项目完成后都要进行总结和复盘，然后归档，这样就形成了一个技术档案。

这个技术档案既包含了这个项目的详细过程和具体参数，又包含了项目负责人对该项目的经验总结和教训，这样便于新加入的员工通过企业知识库就能找到一些项目技术档案，通过阅读学习档案就能了解一些项目的相关知识，当新员工去做类似的项目时就有了一定的基础，项目成功的概率就会大大提高。

真正建立起企业知识库通常需要一两年时间，有些企业觉得这项工作耗时太长不愿去做，但其实花费一两年的时间就能惠泽企业未来几十年的发展，这已经很高效了。企业管理者应该摒弃急功近利的快餐式心态，用战略的思维好好打造知识库管理的能力，为企业未来的快速发展打下坚实的基础。

以上几个方面虽然无法涵盖科学管理规律的所有用途，但相信企业管理者能够意识到科学管理规律对于企业管理乃至于企业文化提升的重要意义。

思考与行动

★ 你所在的企业是怎样作决策的？

★ 回想一下企业过去所作的重大决策是否科学？不科学之处有哪些？造成了什么不良后果？将经验教训总结下来。

★ 对照科学管理规律的践行，看看企业还需要打造哪些能力？想想应该怎样去打造？

06

工业化规律

每个企业家都知道的福特生产线，现代化的商业生态都是先分工再协作。那么同样的，企业内部也要进行专业的分工，这种专业协作并不只是工种上、职能上的，更是组织上和理念上的。

人类社会的诞生与一件事密不可分，那就是分工。在原始的人类集群中，最初狩猎与采集是全员共同进行的，而后由于男人和女人的差异，狩猎主要由男人承担，女人则主要负责采集。这种原始的分工使得互相可以将更多的精力放在各自擅长的工作中，从而出现了女性对于可使用植物的识别、储存，出现了对于植物的驯化，进而出现了原始的种植业，而男人的狩猎也带来了原始的畜牧业发展。

可以说，正是分工敲响了人类社会化的钟声。而进入社会化阶段后，人类又出现了两种生产组织形式：单一式生产和专业协作式生产。单一式生产是传统的精耕细作，一块田地从播种到除草，从浇灌到收割，全部由一个人或一个家庭完成，再细致一些，播种这个可以分解为多个动作的工作，也都由一个人亲力亲为。而专业协作式生产就是将一个可分解的工作，分解成为几个流程，每一个流程由一个人专门负责。

具体到企业管理的问题，我们会悲观地发现，目前很多企业都还是以"单一式"的方式运作，主要特征是分块承包，其创造的价值是 $V_1+V_2+V_3$ 的增长模式，效率不高；而专业协作式的最大特点是各司其职、专业协作，通过专业协作创造的价值达到 $V_1 \times V_2 \times V_3$ 的增长模式，从而大大提高了工作效率。如图 2.4 所示。

同样一块地，"单一式"企业的做法是将这块地分块承包给不同人耕种，最终所有人的耕种收入便是这块地的全部收入。如果某个人的工作出现了一些问题，整块土地的收入就会受到影响。此外，由于不同人的耕种方法和耕种水平有差异，不同地块土地的收入差异也会比较明显，土地的整体收入可控性较低。

"专业协作式"企业的做法却完全不同。它会召集同样数量的人，将他们分成几个小组，然后将耕种所涉及的所有任务打包成项目，将项目中的各个任务分给对应的小组，有的小组负责采买种子，有的小组负责除草耕地，有的小组负责播种，有的小组负责收割，有的小组负责仓储运输……这样按照不同时间段，不同小组就有了不同的任务，各个小组需要协同工作，来完成整个耕种项目。

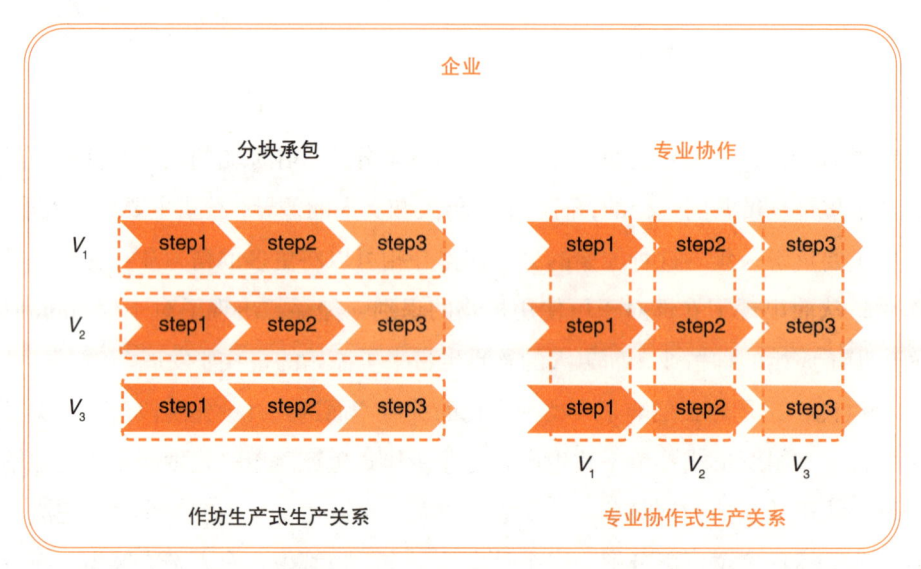

图2.4 作坊生产与专业协作生产

按照"专业协作式"企业的安排，擅长播种的人会被分配到播种小组，擅长收割的人会被分配到收割小组，参与劳作的人并不需要掌握所有耕种技巧，只要精通其中的某个环节，就可以创造出最大的效益。即使某个人在某个环节出现失误，小组中的其他人也会补齐相关工作，这样整体的耕种计划便会顺利实施。

一、工业化规律的内涵

工业化规律，就是将人和人之间的生产关系，通过专业协作实现协同生产，从而获得更高的工作效率。根据工业化规律，只要将组织的人员按照专业领域和流程进行划分，分成了不同的个体，让他们有机组合在一起，创造的效率将是单一式个体的很多倍，只要企业能践行工业化规律，就会大幅提高企业的产出，进而提升企业组织的效率。

在篮球世界，成绩最好的球队往往是那种综合实力最均衡，球场上分工明确的队伍。如2005年的活塞队，没有一个绝对球星，但场上五个人都能够各司其职，把进攻防守组织得井井有条；巅峰时期的马刺队也是如此，邓肯坐镇内线能攻能防，帕克既有突破又有组织，吉诺比利替补上阵掌控节奏，"蓝领"球员做好防守；再谈到"宇宙"勇士队，水花兄弟（库里和汤普森）进攻强悍，有突破有外线投射，内线则有以德拉蒙德·格林为代表的全攻全守球员镇守。

篮球世界曾经诞生过很多天才球员，也出现过天才球星云集的球队，但一支球队如果不能够做好分工，在球场上各自为战，那么天才球员多反而会坏事。篮球界早有定论，球场上拥有五个天才射手的球队是绝对打不赢五个在不同位置上各有擅长的"蓝领"球员的。

专业协作的可怕在于，它可以用整体的聚合力平衡个人的能力短板。一个人再强也会有弱点，而单打独斗之下，个人的弱点就决定了他的上限，这就是所谓的短板理论。但专业协作却不害怕短板，因为在分工之下，每个人只要拿出自己最强的能力就可以了，短板自有其他人去弥补，所以专业协作之下，个人的最强点才是团队的上限。

二、工业化规律的应用

分工是企业生产效率之源，企业想要提高生产效率就要践行工业化规律，以打造以下关键能力：

1. 打造部门间工业化的能力

很多企业中各部门之间是相对独立的，这就会导致各部门有时为了自己的利益会在部门之间竖起一堵"部门墙"。比如，很多企业各部门都有预算指标和KPI考核，于是各部门为了完成自己的KPI考核，就只能站在自己的角度去思考钱怎么花，工作怎么做，很少能兼顾别的部门。

这样会带来很大问题，比如有的科技公司，市场部门和IT部门的预算KPI考核是不同的。当市场部为了完成自己部门的KPI，要求IT部门开发部门工具或者优化部门工具时，IT部门也会从自己部门的KPI出发，考虑这部分投入对自己部门内部预算是否有影响。如果会影响IT部门的KPI考核结果，IT部门可能就会找借口推脱，最终可能会严重影响企业的整体发展。

现代企业需要打破这堵"部门墙"，打造实现部门间工业化的能力，就是将以部门为工作单位的各自为政的管理模式，变成将所有部门形成一个完整价值链、一起为客户服务的管理模式，也就是从部门独立到以营销为中心的营销价值链。

任正非曾在一次内部会议上发表了"谁来呼唤炮火？应该让听得见炮火声音的人决策"的有关文章，开启了让前线员工参与决策，让管理人员深入前线的"砸掉部门墙"的改革。

这之后，华为做了三方面的改革：

（1）组织变革。精简组织，减少管理层级，实行扁平化管理，减少跨部门沟通障碍。

（2）调整业务模式。华为将模块化模式优化为供应链模式，从而打开了部门间的壁垒，让不同部门形成了协作关系。

（3）在企业文化上发力。企业是树，文化是根，想要从根本上打破"部门墙"还需要企业文化的正确引导，通过组织员工团建、活动等，加强不同部门员工之间的合作互动，增加员工间的感情。一个具有开放办公政策、组织气氛相对和谐的企业，部门间的沟通效率会大大提高。

通过这次改革，华为打破了"部门墙"，各部门开始积极协作，效率大大提高。

成功并非偶然，而是所有参与者合作的结果。现在很多企业的营销模式还是由营销部门进行的"片区化"承包制度，即当前片区的营销部门将全年的营销任务分配到每个销售人员，然后所有销售人员各自为战进行企业产品的营销。

这种模式就是单一式思维的营销模式，没有对资源进行整合。其实，企业所有资源都应该是为营销服务的，包括人力的支持、财务的支持、技术的支持等，所有的后端部门，也都是为前端营销部门提供销售支持的。未来的销售模式一定不是只有营销部门的销售人员参与，未来的营销应该是多方位的专业协作式营销。

比如可以把前端的市场部门、营销部门，以及后端的研发部门进行有机整合，将这三个部门变成一个整体，一起面对客户，当然要对它们的工作进行一些细致分工，比如让市场部门去对接客户的品牌体验，负责品牌体验；让营销部门负责引导客户的购物体验；让研发部门负责跟进客户的使用体验。通过这样的分工协作，让客户对品牌认知、购物过程、使用体验都能满意，从而获得一个完美的服务，增加了客户的品牌忠诚度。

2. 打造部门内工业化的能力

企业重构部门间的分工协作后，还要重构部门内部的分工协作。比如，负责营销活动的销售部门，如果按照单一式思维模式，只要销售人员足够多，铺开的范围足够广，认为就能取得比较好的营销成绩。当然，这种模式可能也会取得一定的成绩，但同时也存在很多问题，比如效率不高、销售人员流失率过大，通常销售人员流失还会带走一部分销售额，比如因销售人员能力不同导致销售业绩相差很大等。

企业怎么克服这些问题？那就是打造实现部门内部工业化的能力，让企业内部也分工协作。比如，专业协作式的销售模式就是对销售部内部进行岗位细分，可以按照销售工作的流程去划分，让一些人专门负责搜集客户资料，一些人专门负责联系客户，一些人专门负责拜访，一些人专门负责谈判，一些人专门负责维护，一些人专门负责售后，通过这样的划分把销售人员变成了在不同专业领域专业协作的个体，使得销售业绩大幅提高。

其他部门，如人力资源部、财务部、研发部、市场部、生产部、行政部等都可以按照工作流程进行岗位的细分，从而实现岗位内部的专业协作。

3. 打造模块间工业化的能力

模块间专业协作是一种更大范围的分工协作，有跟外部资源的分工协作，也有不同业务模块间的分工协作，通过分工协作可以节省时间和资源，提高效率。

模块间的专业分工是现代企业追求效率和效益的关键。打造模块间工业化的能力意味着企业不仅在内部各业务模块之间实现高效协同，还要与外部资源如供应商和合作伙伴建立紧密的合作关系。

在大型企业或集团中，不同的业务模块如研发、生产、销售和后勤支持都有其独特的职能和专长。通过模块间的工业化协作，这些部门可以更加紧密地合作，确保信息流畅和资源共享，从而大大提高企业整体的工作效率。

在全球化背景下，与外部的供应商、合作伙伴乃至竞争对手的协同合作也变得尤为重要。这种跨模块、跨企业的专业分工和协作，不仅可以节省时间和资源，还能为企业带来更大的市场竞争优势。

> **思考与行动**
>
> ★根据身边的实际案例比较"工业化"模式与"作坊生产"模式的利弊。
> ★你所在的企业是"工业化"模式，还是"作坊生产"模式？
> ★怎么将"作坊生产"模式转向"工业化"模式？

07

需求规律

企业认为物美价廉的商品应该获得客户的好评，最终却被市场所淘汰，这种悲剧屡见不鲜。所以，明确客户到底需要什么，并有针对性培养企业满足客户需求的能力，才是企业真正要做的事。

对于许多年轻的游戏爱好者来说，Switch 和 3DS 是他们对任天堂的第一印象；对于"90 后"，DS 和 GBA 才是他们的记忆中的任天堂；而"80 后"则更多只能回忆起任天堂的红白机和游戏卡带。但很少有人知道，百年前的任天堂其实是一家制造纸牌的公司。

与时俱进这四个字在任天堂身上得到了最好的体现，任天堂的经历充分说明了一点：时代在变，需求在变，只有能够适应时代需求的公司，才能够获得持续的成功。

商业世界有任天堂这样的成功案例，也有柯达那样的失败案例。2015 年《福布斯》公布了年度最可能消失的品牌调查，柯达毫无意外地居于首位。作为全球影像和冲印行业的领导者，柯达曾经是摄影领域产品的代名词，20 世纪 90 年代大街小巷随处可见黄色柯达店，最终它为什么忽然衰败？究其原因，主要是柯达在战略方面的错误和疏忽造成的。柯达的衰退反向证明了企业如果不能及时满足客户不断变化的需求，哪怕是曾经的行业巨头，也会快速被市场淘汰。

一、需求规律的内涵

客户的需求是不断变化的，企业要让自己的产品或服务适应客户需求的变化，真正解决客户的问题，只有这样才能获得客户的持续认可，企业才能不断发展壮大，这就是需求规律所揭示的市场竞争底层逻辑。

7-11 便利店本是一家美国公司，因营业时间从早上 7 点到夜里 11 点而得名，被引入日本后，为了满足日本客户的需求将营业时间变更为全天 24 小时。为了应对不同地区的支付方式，7-11 还设置了不同的非现金支付机制。为了更大程度地满足顾客各种各样的需求，它不光卖商品，还提供各种生活基础服务。正是始终坚持需求规律，7-11才能把握市场的每次机会，准确判断出市场走向，从而长盛不衰。今天，北京、上海等一线城市也有了大量通宵营业的7-11便利店，然而谁还能够记得它最早只是营业16个小时呢？

成功的企业要能够及时发现客户的痛点，找准客户的需求，并及时地满足客户，由此才能获得客户黏性，然后让忠诚客户为企业代言去宣传产品，达到实现客户数量的指数级增长。

二、需求规律的应用

企业应该利用需求规律建立起可以动态把握客户需求变化的能力，即产品管理能力，具体说来企业可以打造以下两种能力：

1. 打造不断跟踪客户需求的产品管理体系能力

随着可供客户选择机会的不断增加，客户越来越迷茫了。向其推荐一款产品时，他们会说："这不是我想要的！"当问他们到底想要什么时，他们会说："别问我，我也不知道！"

有些企业遇到这样的问题后，只是简单地将其归为客户不知道自己想要什么，并没有进一步对客户需求深度挖掘，就自作主张设计出一个所谓"功能齐全"的产品，于是就产生过一些不合时宜的产品。比如，最早的老年机不仅配备了蓝牙、高清晰的摄像头、高色彩屏等技术，甚至还搭载了较为开放和复杂的应用系统，最终这样的老年机根本无法销售。

出现这样的问题，是因为企业根本没有真正去深挖客户的需求，没有打造出可以不断跟踪客户需求的产品管理体系能力，所以才生产出一系列"四不像"的产品。为了挖掘出客户的真正需求，企业可以建立一个去中心化的组织结构，这样就可以缩短企业跟客户之间的距离，从而更好地服务客户，并随时把握客户需求的变化。

企业想要打造出不断跟踪客户需求的产品管理能力，可以从打造以下三个具体能力入手：

（1）客户需求的了解能力

客户是企业创新的灵感来源，在设计产品之前企业要仔细聆听客户的诉求，要对目标客户进行调研，以便挖掘出他们的真正需求，然后生产出满足或超越他们期望的新产品。比如，老人对手机的需求其实非常简单，即基础功能齐全，非基础功能尽量减少，声音大，字体大就可以。在做产品调研时，老人也不知道怎么表达，但如果让他们试用，他们就会反馈产品是否好用。至于哪里不好用，他们也说不清楚。所以企业要有了解客户需求的能力，通过一定的方法找到客户真正的需求，在设计产品时要以客户需求为导向，并提高客户的满意度，从而形成口碑传播，实现乘积效应。

为了更好地了解客户的需求，企业还可以邀请客户一同研发，让客户参与到产品设计研发之中，从而形成紧密的、长期的合作关系。其实，这种合作关系对企业和客户都有利，因为客户的参与，产品质量得到提高，同时研发时间也得以缩短。如果客户能在新产品研发早期就将需求传递出来，那公司就会给客户提供创新的解决方案。以世界领先香精香料生产商奇华顿公司为例，其发展远景就是"通过跟客户在产品研发、创造和完善过程中的合作对话，成为客户开发香精香料可持续性方案的重要合作伙伴"。

（2）客户需求的"翻译"能力

了解客户需求后，企业还要具有将客户需求"翻译"成产品的能力。比如，老年人使用老年机时可能会随口抱怨"要是字能再大一点就好了""声音要是再大点就好了""使用时间要是再长一点就好了"，这样企业在设计老年机产品时就可以将字体设置大一点、喇叭多装一些，电池容量再提高一点，不必要的功能取消一些，这样生产出来的老年机就满足了老年人的需求。

如果企业没有这种翻译能力，即便了解到客户的需求也无法生产出客户想要的产品，最终还是得不到市场的认可。

（3）客户需求的跟随能力

企业不仅要知道客户需求的变化，还要具有跟随客户需求变化推进新产品以随时满足客户新需求的能力。

亚马逊是全球最大的实体书销售平台，当看到电子阅读器兴起时，贝索斯也在考虑要不要做一款电子阅读器。如果做电子阅读器肯定给实体书的销售业务带来很大的冲击，甚至可能是毁灭性的，可是不做又担心失去一个好的商机。

正当贝索斯犹豫期间，他看到《创新者的窘境》中的一段话："大公司的失败不是因为它们避免破坏性的变化，而是因为它们不愿意接受大有前途的新市场，因为开拓新市场可能会破坏它们的传统业务。"

正是这句简单的话，让贝索斯坚定了要做电子阅读器 Kindle 项目的决心。于是贝索斯跑到史蒂夫·凯塞尔（原亚马逊副总裁，负责书籍销售）的办公室，让他负责 Kindle 项目，并说："你的工作就是'杀死'你的生意！"

这也真是自己革了自己的命！于是世界最顶尖的电子阅读器 Kindle 诞生了。

贝索斯严格遵循了需求规律，他深信只有客户的深度需求，才是市场未来的发展方向。所以他没有因为自己正在销售实体书，就不关注客户的需求，而不去做电子阅读器。这一战略性的决策让亚马逊不仅成为一个全球最大的实体书销售平台，也做出了全球最优秀的电子阅读器。

2. 打造发现客户需求的产品管理体系能力

市场数据证明只有很好地满足了客户需求的产品，才是好的产品，才能得到客户的认可。所以企业想要获得市场，就必须尊重市场，挖掘出客户的真实需求，并坚持"以客户需求为导向"。未来的商业竞争趋势是谁能发现客户的需求，谁就赢得了客户，就赢得了未来，所以企业要有发现客户需求、并及时将这个需求转变成新产品的能力。这就需要企业建立一套以客户需求为导向的新产品开发流程。

很多企业的新产品开发流程虽然也有需求分析、产品设计等多个环节，但这些环节通常是脱节的。很多时候各环节负责人也不明白为什么要做这个产品。自己所做的到底满足了客户的什么需求？既然连本环节的需求都不清楚，又怎么会为其他环节做考虑呢？这样的新产品开发流程又怎么能充分考虑客户的需求？开发出来的产品又怎么能真正满足客户的需求呢？

所以，企业应打造一套以客户需求为导向的新产品开发流程。这个新流程要让各个环节明确，这些分析、设计、开发的功能到底满足了客户的哪些需求。在新流程中，设计环节只是一个实施环节，是将前面分析环节中分析得出的内容落地了而已。这样新产品开发的各环节就能很好衔接起来，各环节管理者不仅能从本环节的角度出发去思考产品的功能设计，还能兼顾其他环节的需求，让设计出的产品很好地满足客户的需求。

以上两个能力打造有一定的难度，却是所有企业都必须具备的能力。产品管理能力是企业营销的基础能力之一，是所有营销的前提。如果没有这个能力，企业的产品就很难推广，品牌也很难打造，企业也很难长久。

有些企业可能在某个阶段准确把握了客户的需求，并很好地满足了客户的需求，于是获得很大的发展。但因为缺乏产品管理能力，所以无法持续不断地发掘客户的需求，最后又慢慢衰落下去。

为了今后的发展，企业应尽早打造出产品管理能力。可以从团队建设和流程建设两方面入手去打造，先组建产品管理团队，然后再建立基础的产品管理流程，一点一点去打造企业的产品管理能力。当企业能做到即便整体市场下滑，本企业销量还能稳定在一个区间甚至逆向增长的时候，就说明企业已经掌握了需求规律并打造出了产品管理能力。

思考与行动

★分析你所在企业生产的部分产品，看看哪些满足了客户的需求，哪些没有满足客户的需求，对比一下它们的销量，分析产品销量和满足客户需求之间存在什么关系。

★分析你所在企业的客户是谁？他们的需求是什么？有哪些需求目前是可以满足的？如果要满足客户的需求，企业应该如何做？

08

全程体验规律

　　企业传统的经营模式是以自我为中心，自我生产、自我销售、自我服务，然而客户所需要的消费体验并不仅仅如此。尤其是互联网时代的客户，他们需要的是从获得到情感，从社会性到认知度的全方位的体验，那么企业应该如何顺应时代去打造这一方面的能力呢？

近些年来，随着消费主义在全球范围内盛行，主题公园产业已经连续多年都得到了较大规模的增长，相关产业发展迅猛。然而，即便经过十多年的试探，先后有多个品牌异军突起，但在主题公园行业，始终没有一个可以与迪士尼乐园分庭抗礼的品牌，这到底是为什么呢？

根据迪士尼年报显示，在2019年该公司全球主题公园共创造收入超过100亿美元，利润超过50亿美元，排除掉国内外收入差异等因素，迪士尼乐园的利润仍然要比大多数主题公园利润高很多，而造成这种差异的主要原因就是企业发展理念的不同。

目前，大多数主题公园的收入主要来自门票，占总收入的75%，而门票收入在迪士尼只占20%到30%，迪士尼的利润更多来自纪念品、餐饮等周边产业，这些周边产业投入少利润高，是迪士尼主要的盈利来源。

迪士尼之所以能够用周边产业盈利，是因为迪士尼是以营造全面的客户体验为核心竞争力的。迪士尼淡化了消费者以价格为核心的单纯的性价比选择，而将卖点转移到满足消费者自我实现的角度上来，以营造全面的娱乐体验为手段，俘获了全世界消费者的心。

在产品设计上，迪士尼以满足消费者体验童话作品情景的心理消费需求为方向，将各种卡通形象引入园中，但同时又不局限于卡通形象，而是朝着全方位的家庭娱乐组合发展。迪士尼中有大量的设施和工作人员是不能创造利润的，但他们在创造整体的体验上面却不可或缺，正是依靠着这样整体氛围的营造，迪士尼给游客带去了不一样的感受，从而造就了多样的利润渠道。

迪士尼以这种体验模式吸引游客，游客身处园中就是享受，这就比单纯依靠娱乐设施吸引游客更有竞争力，并且更容易带动周边产业。当你在迪士尼的童话世界中周游了一天之后，在离开之前本能地就会去购买几件卡通纪念品带回家。但当你只是坐了一天的过山车后，你带回家的就只有刺激过后的一身臭汗了。

一、全程体验规律的内涵

与传统客户相比，现在的客户更注重整个消费过程中的体验。一个优质精良、价格低廉的物品，可能仅仅因为售后不完善，便招致客户的摈弃。因此，一个优秀的企业必须要提供给客户从售前到售后一整个链条的良好体验，有了这些，也就自然有了忠诚度极高的客户，这便是全程体验规律的底层逻辑。

所谓全程体验规律，是指客户在购买商品或服务时对企业营销过程中的全部体验，包含产品体验、购物体验及品牌体验，如果企业能让客户在这个过程中获得良好的体验，就会提高客户满意度，长此以往客户就会变成企业忠实的粉丝，给企业带来巨大的效益。

现在还有很多企业没有这样的意识，它们可能会重视某个单独环节的体验，比如购物体验、售后体验等，但并没有形成一个完整的"闭环"，这使得客户对企业品牌有所了解，但并不能成为该品牌忠实的粉丝。比如，有的企业在销售商品或服务时做得很好，表现得很专业，但是售后工作却做得不好，最后导致品牌口碑不好；有的企业销售做得不怎么好，但售后服务却做得很出色，最后销量也不尽如人意。

客户对企业的认可是全方位的，某一个环节没有做好都会影响客户的购物体验，所以企业要践行全程体验规律，努力给客户提供一个完美的体验。很多企业认为，影响客户体验的只是自己提供的产品和服务，但无数的案例告诉我们，在使用产品或享受服务的过程中，客户会将自己的一切体验都与企业联系起来。

二、全程体验规律的应用

企业想要获得客户的认可，就需要依靠全程体验规律，要先明确客户对产品服务的体验有几个关键步骤，然后对这几个关键步骤进行分析，从产品或服务本身，到应用场景和售后场景，不断优化客户对这些环节的体验感知。

其实，**全程体验规律的本质就是对客户服务体验的提升**，依靠这条规律，企业可以打造出以下两种能力：

1. 打造建立全员的全面质量意识的能力

产品的质量始终是最关键的因素，其他所有的特点和服务都是基于这一核心的补充。一个无法满足客户基本需求的产品，无论其他方面如何，都会很快被市场所淘汰。因此，企业需要确保每一位员工都深刻理解并重视产品质量，从设计、生产到销售和售后，每一个环节都要确保质量、严格控制。

2. 打造维护全员的全面质量意识的能力

仅仅培养质量意识是不够的，更重要的是持续维护和强化这种意识。企业需要通过有效的培训、激励机制和实践机会，确保员工始终将质量放在首位。此外，企业还应建立一套完善的质量管理制度和流程，确保质量标准得到严格执行。同时，鼓励员工提出改进建议，持续优化产品和服务，确保企业在市场上始终保持竞争力。

总而言之，全程体验规律即管理客户体验营销的全过程，包含产品体验、购物体验及品牌体验，以获得最大化的客户满意度。其强调的是企业要在与客户接触的整个过程中都能让客户感受到满意和快乐。

一个优秀的企业，无论在销售前、销售时、销售后，都会让客户感到满意，这便是其持续获客、持续发展的奥秘所在。为此，企业便需要将与客户接触的流程细分，并对每个细分流程进行分析，研究出如何在各个流程中都能让客户满意、快乐。

思考与行动

★ 跟同行相比，你所在企业的产品质量如何？有没有进一步改进的地方？

★ 跟同行相比，你所在企业给客户的体验如何？哪些地方可以做得更好？

★ 分析一下，企业的优势、劣势，利用全程体验规律，试着应用一下。

09

品牌化规律

　　品牌的价值是巨大的,它代表着一种无形的力量,能帮助企业在与对手的竞争中脱颖而出。品牌化规律所揭示的是企业打造品牌的底层逻辑,至于如何让企业具备这方面的能力,考验的则是企业家的耐心和超前意识。

同样都是女士包，爱马仕能卖出几十万元的价格，普通厂家却只能卖几百元；味道差别不大的一种香水，香奈儿能卖出几千元的价格，普通厂家却只能卖几十元；同样都是T恤，阿玛尼标价几千元，普通厂家却只要几十元。为什么商品的本质没有太大区别，但在不同企业的旗下，价格就能相差这么多？这就是品牌的力量。

2001年时，一部以民族品牌家族历史为核心的电视剧《大宅门》上映，瞬间就引发了收视狂潮，直到今天很多地方电视台仍然不断播出。对于电视剧中的原型，虽然导演郭宝昌没有明说，但明眼人都知道，所谓的白家老号就是在中医界响当当的品牌同仁堂。

作为一个创立于1669年，有着300多年历史的老中药铺，同仁堂最有价值的当然还是它的招牌。一款中药，只要打上同仁堂的招牌，就代表着它的品质。

在电视剧里有这样一段：药商董大兴接受白家老号之后，北京的票号（银行雏形）和药栈肯对他贷款和赊账。白家二奶奶就直接对董大兴说，正因为"百草厅"的招牌有信誉，你才赊得来、借得出，换上你董大兴的名字，票号和药栈就不叫你赊、不给你借了！

就这样，品牌的价值经剧中人之口，被解释得明明白白。

对于企业而言，品牌是一种无形资产，在商业社会，它能够给企业带来极大的便利，有些便利甚至是资本无法替代的。与此同时，对于市场竞争来说，它又赋予了商品（或服务）在使用价值之外的很多附加价值，如品位、身份、财富、权力等。

一、品牌化规律的内涵

品牌化规律，就是通过打造品牌来提高营销效率，以获得最大化、最长期的商业价值交换。当企业遵循品牌化规律逐渐打造出成功的品牌后，企业的营销效率和商业回报就会同步提高，企业便可以获得持久的经济效益。

品牌化是所有商业活动中，企业能获得最大回报的办法之一。企业通过品牌化经营可以获得以下三个好处：

1. 可以获得高额利润

企业品牌越成功，其利润就越高，因为品牌化下，商品溢价往往较高，这时商品的定价主动权掌握在企业手中，企业制定的价格已经不需要从商业经济中成本利润的角度去考虑了。高于同类产品的利润是品牌赋予的附加值，例如同样都是车，普通车可能只有代步的功能，但是劳斯莱斯却还有身份的象征。

2. 给企业带来稳定的销量

品牌越成功，客户对品牌的忠诚度就越高，即便市场环境发生了变化，客户也不容易流失，这可以保证该品牌产品的销量不会下滑。如果维护得当，品牌还会持续吸引更多的人成为其忠诚客户，产品销量还会稳步增加。

3. 使企业价值最大化

企业打造出一个成功品牌后，企业的价值也会有所增加。在当下的资本市场中，企业市值也是衡量一家企业经营成功的重要指标。类似的两家企业，有成功品牌的企业市值往往更高，如果企业上市的话，也更能得到更多投资者的追捧。

于1995年创立于河南省许昌市的胖东来只是一家地方性零售商超企业，最近几年却在各种短视频的加持下成为中国零售商超领域最火爆的品牌，在竞争白热化的零售商超领域，如开市客这样的全球性大品牌不知凡几，为何中国的用户独独青睐胖东来，以至众多网友们纷纷在有关胖东来的短视频下"怒斥"胖东来为何不来自己的城市开店？这个现象的底层逻辑就在于品牌影响力。

胖东来有一条"用真品，换真心"的企业初衷，在发展的过程中也确实不打折扣地做到了这一点，这企业在当地积累了极佳的口碑。而最近几年，通过移动互联网平台的传播，这家良心企业在短时间内获得了极大的人气，品牌影响力迅速突破河南一地，迅速扩散到全国。

2023年初，胖东来经营的茶叶以物美价廉的良心质量突然"破圈"，在胖东来没有网络营销渠道的情况下，全国大量"代购"涌入胖东来，从购买茶叶到购买日用品，将胖东来从线下商超推到了线上渠道。可以说，依靠着品牌的力量，胖东来已经完成了商业赛道上的跃迁。

二、品牌化规律的应用

其实，品牌化规律的本质就是将企业的经营标的从产品转向品牌、从单一品牌转向多品牌并存。依靠品牌化规律，企业可以打造出以下两种能力：

1. 打造建立品牌的能力

建立品牌的能力，也是品牌战略管理能力，就像"打江山"，细分下去企业需要从以下几方面进行部署和执行：

（1）建立专业的市场部

市场部是企业的核心部门，很多企业的市场部并不专业，每天只是忙于做市场调研、做报表分析和制定营销方案等，对市场部的核心职能，即战略层面的工作却做得很少，尤其不重视其中比较重要的一项——品牌管理。

一般专业的市场部，会在内部或其下设立一个叫作"品牌管理部"的部门，或者在市场部内部建立品牌管理团队，这些人的职责就是通过各种手段，来提升品牌价值。打造一个专业的市场部，是建立品牌能力的第一步，是企业从经营产品到经营品牌转变的标志。

（2）找准品牌定位

在当今竞争激烈的市场环境中，品牌不仅是一个名字或标志，更是企业的灵魂和价值观的体现。企业有了一个专业的市场部之后，便要结合企业现阶段的具体情况对企业品牌做一个精准的定位。

对于中小型企业，品牌定位尤为关键。结合企业的实际情况，中小型企业可以考虑制定一个中低端的品牌策略。这样的策略可以确保产品成本得到有效控制，从而不给企业带来过大的成本压力。但这并不意味着牺牲产品的品质，而是通过精准的市场定位，满足特定消费群体的需求。

规模较大的企业在依靠品牌化规律打造能力时，还可以采取多品牌战略，通过打造几个品牌来保持较高的市场份额。这样做的好处有以下两点：

第一个好处：让不同品牌服务于不同价格水平的细分市场。

多品牌战略使企业能够更好地满足不同细分市场的需求。例如，在汽车行业中，大众公司拥有中高端品牌奥迪来吸引高端消费者，同时也有大众品牌来满足中低端市场的需求。同样，丰田公司旗下的雷克萨斯和丰田，以及本田公司的讴歌和本田，都是为了满足不同消费水平的消费者。

这种策略不仅可以吸引更广泛的消费者群体，还可以防止同公司品牌间的自我竞争。想要做到这一点，企业在实施多品牌战略时，必须确保每个品牌都有清晰的定位，并根据自身的资源和能力进行合理的布局。

第二个好处：让多个品牌同场竞争。

当多个品牌在同一市场细分领域竞争时，可以增加消费者选择整个企业产品的可能性。例如，宝洁公司在洗发水市场拥有飘柔、潘婷、海飞丝、舒肤佳等多个品牌，这些品牌各自拥有独特的定位和目标消费者，但它们共同的目标是增加宝洁在洗发水市场的整体份额。通过使用这种方式，即使某一品牌的销量下降，其他品牌仍然可以维持或增加销量，从而确保企业在整体市场中的稳定地位。

同样，在婴幼儿营养品领域，达能食品拥有爱他美、诺优能、可瑞康等品牌。这些品牌之间的互相竞争可以刺激品牌不断创新，提高产品质量，从而吸引更多的消费者。此外，多品牌策略还可以帮助企业更好地应对市场变化，因为不同的品牌可以针对不同的市场趋势进行调整。

（3）制定品牌发展规划

当企业完成品牌的定位后，就需要着手制定品牌的发展规划。规划不仅要考虑品牌自身的发展，还要与企业的整体战略规划相结合。正如古代的"合纵连横"，品牌的发展也需要与企业的整体战略相互配合，共同推进。这样，该品牌才能在市场中持续发展，不断壮大。

当企业的品牌体系逐渐完善，各种市场层级的品牌策略也逐步到位时，企业就需要对这些品牌进行有效的管理，确保品牌的管理工作流程化、规范化。制定品牌管理手册，不仅可以确保品牌的稳定发展，还可以在市场中建立起企业的品牌形象，增强消费者的信任和忠诚度。

2. 打造维护（发展）品牌的能力

维护（发展）品牌的能力，即品牌战术管理能力，这是企业在市场中保持竞争力的关键。这不仅是"守江山"，更是确保品牌持续增长和发展的基石。这一能力又可以细分为品牌宣传推广能力（包括广告管理能力、媒介管理能力）、产品管理能力、调研能力、渠道分销管理能力等。想要打造出维护（发展）品牌的能力，企业可以从以下两方面入手：

（1）建立品牌管理机制

品牌管理机制是企业在市场中维护和发展品牌的核心。它的构建和实践方式会因企业的规模、资源和市场定位有所不同。

由于资源和预算的限制，中小型企业通常会选择市场部的内部团队来负责品牌管理。这样的团队更加灵活和高效，能够快速响应市场的变化。对于资源充足的大型企业，则可以选择成立一个专门的品牌管理部门。这个部门将专注于品牌的策略制定、推广和维护，确保品牌在市场中的稳定和长期发展。

需要注意的是，这里的品牌管理机制，要管理和运营的不是单一品牌，而是要力争打造多品牌的管理和运营。不同于单一品牌的管理，多品牌管理需要更加复杂和细致的策略。企业需要确保每个品牌都有其独特的市场定位和目标受众，以避免品牌之间的竞争和冲突。

品牌管理机制的构建和实践是一个持续的过程，需要企业不断地学习、调整和完善。只有这样，企业才能确保品牌在市场中的成功和长期发展。

（2）深入了解品牌知识

在当今的商业环境中，持续学习和进步已经成了个人和企业成功的关键。这不仅为了跟上时代的步伐，更是为了在竞争激烈的市场中脱颖而出。在营销的世界里，品牌是最有力的工具之一。一个强大的品牌可以使企业在市场上获得更高的议价能力，避免陷入价格战的困境。而没有品牌的企业，往往只能通过降低价格来吸引消费者，这样的策略往往是短视和不可持续的。

品牌代表了消费者对企业和其产品的认知和感知，一个强大的品牌可以为企业带来巨大的市场份额和利润。但要建立和维护一个品牌，企业必须深入了解品牌化的知识和技巧。

建立品牌需要时间、资金，维护品牌则需要策略和持续的努力。在品牌建立初期有些企业可能取得了成功，但由于缺乏维护和更新，导致品牌逐渐失去了竞争力。另一方面，有些企业可能过于追求短期利润，而忽视了品牌的长期价值，这也是一个常见的错误。

随着市场的变化和消费者需求的多样化，企业不能仅仅依赖一个品牌。它们需要不断地创新和推出新的品牌，以满足不同的市场需求。这也是为什么有些企业在品牌建立方面表现出色，但在品牌维护和更新方面却举步维艰。

打造建立和维护品牌的能力，是企业获得最大价值的必由之路。企业想要让品牌为自己带来更久远的经济效益，就必须打造品牌的能力。

思考与行动

★找几家大品牌企业，对它们进行分析，看看它们在品牌建设方面有哪些可取之处？

★你所在的企业有品牌吗？如果没有，试着分析目前的情况适合打造品牌吗？如果适合应该怎么建立和维护？

★仔细分析一下你所在的企业如果想要打造一个品牌，需要打造那些能力？

10

资源整合规律

商业竞争不是大富翁游戏，不会拥有天赐的无限资源，更不可能随时重启，所以企业家必须使用有限的资源抓住为数不多的机会，这就需要企业家具备强大的资源整合能力，这种能力最直观的表现是借势。

一个势力集团就像一个企业，其争夺天下的过程可以理解为争夺市场，在这个过程中，肯定会遇到各种各样的困难，有的困难可能自己暂时没有能力去解决，这时要学会"借力"。

《三国演义》中，诸葛亮的"草船借箭"是经典战术策略，他巧妙地利用了敌人的资源来完成了看似不可能的任务。这不仅展现了他的机智和策略，更是"借力打力"思想的完美体现。

当谈论资源整合时，诸葛亮在面对曹军大军压境的情境中展现的智慧更为引人注目。当时，刘备的军队面临着巨大的压力，他们的兵力远远不及曹军。在这种生死存亡的关键时刻，诸葛亮展现了他作为一名政治家的卓越才能。他巧妙地利用了荆州刘氏兄弟之间的矛盾，成功地使刘琦的江夏水军站到了自己的一方。有了这支水军作为支撑，诸葛亮进一步与东吴势力结盟。在与孙权的会面中，他深入分析了东吴的内部状况和孙权的个人困境，成功地促成了孙刘两家的联盟。

这一系列的策略和行动，最终导致了赤壁之战的胜利，为三国历史上的三分天下奠定了基础。这不仅是一个军事胜利，更是诸葛亮在政治策略和资源整合上的杰出表现。

杰出的企业管理者应该像诸葛亮一样，懂得"借用"身边已有的资源，努力与有资源的一方合作，让其为自己的企业发展壮大助力。

1891年，一个才华横溢的设计师和一个足智多谋的项目管理者决定联手用电力去引领一个新时代，他们在瑞士巴登创办了布朗勃法瑞公司（Brown Boveri & Cie,

简称 BBC）。会设计的工程师加善管理的工程师，这样互补型的结合产生的效率远大于两人的合力，BBC 也因此以惊人的速度发展壮大起来。

为了打开英国市场，1919 年 BBC 公司决定将自己的专利技术转让给英国制造商，让它们生产、销售自己的产品。通过这次"借力"，BBC 获得了巨大的海外销售收入。为了实现轨道业务大满贯，BBC 于 1967 年又收购了制造电气机车的奥利康机械厂，通过收购获得了新的能力，为公司今后的壮大打下坚实的基础。

为了降低成本，扩大市场，1988 年，BBC 又跟自己的竞争对手瑞典阿西亚（ASEA）公司合并组建新的 ABB 公司（Asea Brown Boveri Ltd.），继续致力于电力工程。没合并之前，两家公司是竞争对手，为了超越对方，两家公司在超导体、高压芯片和电厂控制系统研发方面投入了大量的经费，合并之后这方面的支出得到大大节省。这次整合不仅让 ABB 技术得到进一步发展，还让 ABB 的市场得以扩大。

合并后的 ABB 公司开始了全球化布局，通过并购和合资，在此后十多年的时间里快速成长起来，业务遍布 100 多个国家，拥有 10 多万名员工，他们正将"用电力与效率创造美好世界"的远景变为现实。

一、资源整合规律的内涵

通过合理利用周边资源，完成"四两拨千斤"似的功用，**让有限资源发挥最大的潜能，从而放大企业管理的整体效益，获得巨大的商业成功**，这就是资源整合规律的底层逻辑。ABB 的成功正是遵守了资源整合规律，企业才能不断发展壮大。

企业的资源是有限的，不可能什么事都要自己做，对于一些非核心的东西，可以进行资源整合，委托其他公司去做，将精力聚焦在企业的核心竞争力上，专注打造自身的核心竞争力，事实证明这样的企业发展得更快。

资源整合，其实就是一种"借力"策略。而资源整合规律则是指通过寻找互补资源进行整合，实现最大化的资源利用效率。它的核心思想是利用现有的资源，通过与其他实体的合作，实现优势互补，从而达到共同的目标。其可以帮助企业突破自身的局限，实现更快速的发展。

一般来说，企业可以整合以下几种资源：

1. 生产资源整合

企业可以选择与外部制造商合作，将生产环节外包，从而集中精力于产品研发和市场营销。例如，小米采用了这种模式，将生产外包，而自己则专注于技术研发和市场营销。

2. 销售资源整合

当销售环节不是企业的核心竞争力时，可以考虑与经销商或代理商合作，将销售环节外包。企业还可以考虑将售后服务外包给专业公司，从而确保客户获得高品质的服务，同时自己也可以专注于核心业务。

3. 推广资源整合

对于推广能力有限的企业，可以与专业的广告代理商或媒体管理公司合作，利用他们的专业知识和资源进行品牌推广。

4. 资本整合

有时企业虽然有很优质的产品，也有很强的人才队伍，但是因为没有足够的资金，可能会导致企业发展比较缓慢，这时企业可以进行资本整合。企业可以通过各种方式，如融资、合资、上市等，来获得所需的资金，从而加速发展。

5. 其他整合

除了上述提到的资源，企业还可以考虑整合其他非核心资源，如技术、设备、人才等。这种整合可以帮助企业获得更多的竞争优势，从而在市场中占据更有利的地位。

二、资源整合规律的应用

依靠资源整合规律，可以帮助企业优化资源配置，提高效率，实现快速发展。具体来说，企业可以按照以下步骤来打造整合外部资源的能力：

第一步：明确目标

在进行资源整合之前，企业首先需要明确自己的目标，是为了扩大市场份额、提高生产效率、还是增强技术实力？明确目标可以帮助企业更有针对性地寻找和选择合作伙伴。

第二步：资源评估

企业需要对自身的资源进行全面评估，明确自己的优势和劣势。这样，企业可以更清晰地知道自己拥有哪些资源、需要什么样的外部资源。

第三步：寻找合作伙伴

根据资源评估结果和自身的需求，企业可以开始寻找潜在的合作伙伴，如供应商、经销商、技术合作伙伴等。

第四步：建立合作关系

确定目标合作伙伴后，可以与潜在合作伙伴建立联系，进行初步的沟通和谈判。在这一阶段，双方可以明确合作的内容、方式、期限等关键事项。

第五步：签订合作合同

在明确了合作的具体内容后，双方可以签订合同，确保合作的顺利进行。

第六步：实施外部资源整合

根据合同的内容，企业便可以开始实施外部资源整合，这可能包括技术转让、生产外包、共同研发等。

第七部：持续监控与评估

在外部资源整合的过程中，企业需要持续监控合作的进展，确保双方的利益都得到保障。同时，企业还需要定期评估整合的效果，看是否达到了预期的目标。

第八步：调整与优化

根据监控和评估的结果，企业可以对外部资源整合进行必要的调整和优化，确保整合的效果最大化。

第九步：持续学习与创新

外部资源整合不是一次性的活动，而是一个持续的过程。企业需要不断学习新的知识和技能，探索新的合作模式，以适应不断变化的市场环境。

第十步：建立长期合作关系

与合作伙伴建立长期的合作关系，可以确保外部资源整合的持续性和稳定性，为企业带来更大的利益。

通过以上步骤，企业便可以有效地打造整合外部资源的能力，从而实现自身的快速发展和发挥市场优势。

如何运用现有的资源获得最大的收益，是企业一项重要的能力。企业应该将主要资源投入自己的专业领域，或者投入关乎企业核心竞争力的方面，所有与核心竞争力无关的内容，都应对外整合，而不应该过多占用企业内部资源。通过这样的资源整合，便可以让企业快速发展起来。

思考与行动

★分析一下你所在的企业有哪些资源，这些资源怎么分配产生的效益会更高？

★你所在的企业有哪些资源是欠缺的？分析一下，这些欠缺的资源能否通过外部整合实现？

11

核心竞争力规律

每一个基业长青的企业,都必然有至少一个别人无法超越、无法取代的特质,这就是企业的核心竞争力。核心竞争力规律所揭示的就是,企业要通过怎样的活动来获取这种特质,并使它长久地保持下去。

传统商业领域有一个名为"短板理论"的竞争策略，它指的是一只水桶能装多少水取决于它最短的那块木板，如果最短的木板只有五厘米，那么即便其他的木板再长，木桶也只能装高度为五厘米的水。

这个比喻说明了综合实力的重要性，一家竞争实力强劲的企业，需要将产品质量、市场营销、售后服务等每个环节都做到尽善尽美，只有这样的企业，才能获得客户的认可。在当下商业世界中还存在着与之相悖的一种逻辑——长板理论。

同时，长板理论是指企业在某些方面十分擅长，能用一些极致体验吸引客户们的目光，显示出绝对有别于其他企业的自身特点，从而拥有了无可替代的核心竞争力。

企业的核心竞争力是企业所独有的、能经得起时间考验的、具有延展性的、难以被其他竞争对手所模仿的、能持续稳定输出的独特的能力。纵观那些成功的企业，无一不具有自己的特色，这个特色就是它们成功的关键。

同仁堂成立于1669年，至今已有三百多年的历史，这足以证明其所拥有的核心竞争力能经得起时间的考验。这家企业不仅在中医药领域拥有深厚的积累，更是在传统与现代医学之间找到了一个独特的平衡点，使其产品既保留了中医的精髓，又能满足现代消费者的需求。

同仁堂的药材采购、炮制技术以及配方都有着严格的标准，这些都是其他竞争对手难以模仿的。尤其是其独特的配方和制药工艺，都是经过了数百年的积累和传承，已经形成了同仁堂不可复制的独特能力。

此外，同仁堂还具有很强的延伸性。除了传统的中药，同仁堂还推出了各种健康食品、保健品、化妆品等，这都是基于其核心竞争力——中医药的深厚积累，进行的延展和创新。

纵观同仁堂的发展历程，其成功的关键就是那独特的、难以被模仿的中医药核心竞争力。这也正是那些成功企业的共同特点，它们都有自己鲜明的特色，这个特色就是它们成功的关键。

现在正处在信息泛滥的时期，企业与客户的接触点越来越多，想要做到面面俱到越来越难，这时如果企业转变思路，在某一个接触点做到了极致，反而更容易获得特定客户群的青睐。

一、核心竞争力规律的内涵

俗话说"物以稀为贵"，任何人或企业只要掌握一个其他人不了解的知识，价值就会被放大。一个产品或服务到底值多少钱，不是取决于其绝对价值而看其稀缺性，越稀缺价值越大，稀缺性就是核心竞争力。对于企业来说，只要其提供的产品或服务比市场上其他的产品或服务更稀缺或独特，那该企业提供的产品或服务的价值就会上升。

而一旦企业具备了打造稀缺性的能力，也就不容易被市场上的竞争对手模仿，不容易被其他企业所取代。这种独特的能力一旦形成产品或服务投向市场，为目标客户所接受，就会让企业获得极大的竞争优势。

那么，企业要如何去打造核心竞争力呢？可以从以下五个方面入手：

1. 产品/技术的核心竞争力

企业产品竞争力可以进一步细分，如打造质量维度的竞争力——只要该企业生产的产品质量比市场上同类产品的质量好，那就打造了产品质量维度的核心竞争力。其实，产品质量的核心竞争力，往往是产品竞争力中第一个重要的要素，如果一家企业的产品质量都无法保证，客户又怎么会选择购买呢？

基于这一点，企业需要打造一个全面的质量管理体系。现在国家针对不同类型的产品，制定了不同的质量标准体系，这些都可以成为企业的战略，通过这些战略的落地，企业就可以打造出产品质量维度的竞争优势。当然企业还可以打造产品其他方面的竞争力，比如说功能方面的竞争力。

企业还需要关注自身技术方向的核心竞争力，尤其是科技快速发展的当下，技术方向的核心竞争力就尤为重要。就像中国的大疆无人机，凭借其高超的技术，从2006年成立至今，短短十多年就发展成全球无人机品牌的第一名，获得了全球无人机市场的大部分份额。

以上只是几种常见的核心竞争力，企业在运营过程中可以在产品的设计、开发、销售，甚至售后服务过程中不断地深挖，结合企业实际情况找出自己的核心竞争力方向，将其变成战略中的一部分，尽快打造出本企业的核心竞争力。当一个企业拥有众多核心竞争力以后，就能成为当之无愧的行业领军企业了。

2. 服务的核心竞争力

相较于产品维度，还有一种核心竞争力，也是企业在发展过程中需要重视并且持续关注的，那就是服务的核心竞争力。

跟产品的核心竞争力不同，服务的核心竞争力是通过一个个具体的人来输出、来展示给客户的。正是因为如此，服务的核心竞争力是很难打造的，因为人经常会变，通过一个个会变化的人来执行落地，所表现出来的服务品质，对客户来说不可能一成不变，所以要打造服务的核心竞争力，对人员的管理方面要求很高。

所以对于所有企业，特别是服务类企业来说，如何打造自身服务的竞争力，是一件比较困难的事情，如何始终保持竞争力，更不是一件容易的事情。

不过正因为服务的核心竞争力打造起来十分困难，所以这种竞争力一旦形成，就有很高的竞争力壁垒，甚至比技术的壁垒还要高，可以直接杜绝竞争对手想要模仿的可能性。

那么，企业该如何打造自己服务方面的核心竞争力呢？具体可以从以下几个方面入手：

首先，企业必须拥有一套很成熟的服务人员的招聘和培训体系。其实，招聘和培训也可以成为企业战略的一部分，不过需要注意的是，这里的招聘和培训并不仅是增加企业的员工，更是为了打造服务核心竞争力。

其次，企业还要建立一套服务激励体系，以客户对员工服务的满意度为基准，对员工进行绩效评价和激励。

无论是招聘和培训体系，还是服务激励体系，其目的都是帮助企业打造服务的核心竞争力，从这里看出战略可以是目的性的，也可以是具体动作性的，不过不管怎样一定要遵循规律性。

3. 品牌的核心竞争力

相对于服务的核心竞争力，品牌的核心竞争力打造难度更大，但是一旦此竞争力形成，它的壁垒将会更高，甚至会提供给企业短则数年、长则数十年的竞争红利。

品牌核心竞争力的培养，不像是技术的核心竞争力，靠着几年的发奋图强或者投入大量资源就或许能达成。这种核心竞争力，要靠一天天的口碑积累，一天天坚持不懈的宣传，需要从包括产品最初的设计，到开发、生产、营销、宣传、后期的售后服务等每一个环节的完美运作，才能获得市场和客户的认可，最终形成一种品牌的核心竞争力。

品牌的核心竞争力的持久性，比服务的核心竞争力以及产品的核心竞争力更加难以模仿，所以品牌的核心竞争力的价值也远高于前面两类核心竞争力。不过，想要打造品牌的核心竞争力，企业要付出的也更多，需要的时间也更长，不过价值也更大，带来的红利也更多更持久。企业可以从建立品牌手册、品牌定位、品牌管理、品牌发展规划等方面开始行动，逐渐打造出企业品牌的核心竞争力。

4. 管理的核心竞争力

相对于品牌的核心竞争力的打造，管理的核心竞争力更难打造，不过其带来的价值也更大，所以，企业在做战略的时候要考虑重点打造管理的核心竞争力，要考虑管理制度、方法、流程的建立，要考虑科学管理体系的搭建以及传承等。

一家企业运营得好不好跟管理有很大的关系，优良的管理是企业得以正常运营的前提。管理也是一项系统工程，涉及企业每一个岗位、每一件项目和每一次行动，各家企业的具体情况千差万别，所以企业要打造真正适合自身发展的管理的核心竞争力。

5. 文化的核心竞争力

在管理的核心竞争力之上，还有一条核心竞争力很难打造，那就是文化的核心竞争力。企业文化的核心竞争力，是无形的东西，它是秉承的一套原则、一套价值观、一套行为准则或一种习惯，这就是企业文化。

文化的核心竞争力与其他的竞争力不同，它不是可以通过简单的培训或者模仿而来的，而是需要长时间的积累和沉淀。它是企业在面对各种外部挑战时，能够保持稳定、持续发展的关键因素。因为当市场环境发生变化或者企业遭遇困难时，正是这种文化的核心竞争力，能够帮助企业快速调整策略，大家团结一心，共同应对。

例如，一个注重创新的企业文化，会鼓励员工不断尝试、不断学习，即使面对失败，也不会轻易放弃。而一个注重团队合作的企业文化，会使得员工之间更加团结，更容易形成合力，共同完成任务。

以上这五种核心竞争力由浅入深，分别是产品的核心竞争力、服务的核心竞争力、品牌的核心竞争力、管理的核心竞争力以及文化的核心竞争力，它们是递进的关系，层次越深越难打造，需要的时间也越长，但价值也就越大，壁垒性也就越强，这就是核心竞争力规律的主要内容。

二、核心竞争力规律的应用

核心竞争力规律是指企业要发展出别人无法超越、无法取代的特质，发展自身的高价值性、高稀缺性、高不可替代性所需的核心竞争力，这样企业才能成为社会中不可代替的角色，以取得长期稳定的发展。企业要根据核心竞争力规律，结合自己的实际情况，明确要打造的核心竞争力，这个核心竞争力可以是产品相关的，也可以是服务相关的，或者是品牌相关的等，然后将其制定为战略，通过战略落地将其打造出来，成为企业的一面"旗子"。

通常一种核心竞争力至少可以让企业在两到十年时间里保持行业领先地位，在这段时间中，企业还需要继续开发其他核心竞争力，以求在下一个五年甚至是十年继续维持领先优势。如果企业失去了核心竞争力优势，那它便会逐渐落后于市场，最终消失于行业之中。

核心竞争力的打造需要的是专注，国内曾经有过一段对于工匠精神的讨论。那么工匠精神的核心是什么？那就是专注。日本百年企业中，经营最长久的一家企业居然是从唐朝的同时期一直经营到现在，那是一家做佛像的企业，数百年里企业就只做这一件事而已，但就是因为只做一件事，所以让后来者根本没有超越的可能。

持之以恒地专注于一件事，在一个细分领域做到极致，这便是一些企业能够基业长青的原因。这就像赛跑，如果你在自己的赛道中一步一个脚印坚持前进，而其他的对手不断变化，一会儿向左一会儿向右，一会儿换一条赛道，一会儿折返跑……这样长久下去，最终你就会发现对手全部掉队了。

依靠核心竞争力规律，企业可以打造以下两方面的能力：

1. 打造建立核心竞争力的能力

无论是产品、服务、品牌、管理还是文化的核心竞争力的打造，都离不开企业的各个部门工作。企业可以从这五个角度出发，细化各部门的工作职责、流程，形成一系列的策略，以此来提高企业的核心竞争力。

这些核心竞争力的提高，看似互不相干，实则有很多交集，比如产品和服务会影响品牌竞争力的提升，管理和文化又会影响工作效率等。所以，在打造这些核心竞争力的时候不要"各自为战"，应该统一战线和认识，从全局、从大盘考虑企业核心竞争力的提升，并且拿出可落地、可执行的具体策略，并将其严格落实下去，这样完成了企业战略也就提升了企业的核心竞争力。

2. 打造发展核心竞争力的能力

企业核心竞争力形成以后，还要根据环境的变化不断发展、维护，尽量延长其价值红利。比如服务的核心竞争力形成以后，不能一成不变，要随着人们需求的不断变化而改变，持续为客户提供深度解决方案，只有这样才能跟上时代的发展，在市场上立于不败之地。

总而言之，企业想要长久稳定地发展下去，就必须打造至少一种核心竞争力，这种核心竞争力是其他企业无法模仿，更难以超越的。

> **思考与行动**
>
> ★分析一下你所在企业的核心竞争力是什么？是否有需要进一步完善的地方？另外还能再打造一个其他的核心竞争力吗？
>
> ★如果你所在的企业还没有打造出自己的核心竞争力，那结合企业自身情况确定最好打造什么核心竞争力？应该如何去打造？

12

劳动价值规律

像社会正在经历的工业化转型一样,企业在竞争越来越激烈的红海市场里,也需要通过转型来提升自身价值。这之中更为底层的逻辑就是让企业参与者的劳动更有价值,摆脱低效的、重复性的、机械化的劳动,转而进行更有创造性的、更具有突破性的劳动。

企业会从事各种各样的生产活动，这些活动会给企业带来或大或小的利润和发展，如同人们在购物时选择"物美价廉"或"高性价比"的商品一样，企业从事的生产活动也追求最高的价值，即劳动价值的最大化。

怎样才能让劳动价值最大化呢？有的企业想通过不停地招聘新员工来获取更多的利润，但结果却是人力成本的增加与利润的增加往往不对等，甚至利润与人员增加呈负相关关系；有的企业通过对员工"压榨式"的任用，来获得较高的利润，但毫无疑问这种方式是不可持续的。

一、劳动价值规律的内涵

在员工的劳动中，重复性的、机械性的劳动似乎是可以量化的，然而，真正能够创造出价值的工作却是带有创造性的、主动性的。从这个角度讲，企业想要提高劳动的价值，就应该懂得尊重员工的感受，创造条件，让员工发挥其创造力。

让员工发挥创造力，可以让企业由低劳动附加值走向高劳动附加值，在同等人力成本下能获得的价值回报越高，企业的人力稳定性也就越高，进而便可以为企业提供持续发展的稳定性和可靠性。由劳动附加价值提升带来的稳定和可靠，这就是劳动价值规律揭示的企业发展底层逻辑。

那么哪些劳动才是劳动价值高的部分呢？这里可以借助著名的微笑曲线来进行说明，如图 2.5 所示。

微笑曲线起点的较高劳动价值包含研发／技术，以及产品开发组成的自主创新（ODM）部分，从事这部分的劳动，其劳动价值往往较高。

微笑曲线低点的较低劳动价值包含物料、物流、制造，以及销售网络组成的代工生产（OEM）部分，从事这部分的劳动，其劳动价值相对较低，因为这部分劳动具有较高的可取代性，可能会随着技术等方面的发展而被淘汰。比如销售网络，以前在线下很火爆的连锁店、加盟店模式等，如今几乎已经被线上销售渠道所取代，这就是技术带来的变革。

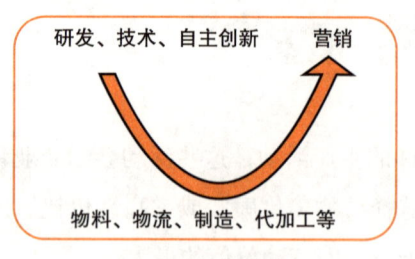

图2.5　微笑曲线

微笑曲线终点的较高劳动价值是营销，从事这部分的劳动，带来的劳动价值也相对较高。因为这些劳动价值往往依托的是固定的客户、粉丝等。但是从事这部分的劳动往往需要一定时间的积累，很难一蹴而就，比如品牌的营销就需要一段时间的打造、推广及运营，才可能能获取较高的品牌价值。

二、劳动价值规律的应用

企业想持续发展，就要努力从劳动价值较低的位置向劳动价值较高的位置转型，因为如果企业一直处于劳动价值较低的位置，想要发展壮大是非常困难的。企业只有不断提高劳动附加值和资源利用率，才能增强企业竞争力，才能不断发展壮大，这就是劳动价值规律。

"SONY"，这四个英文字母组成的词汇几乎所有人都认识，这是索尼公司的logo组成，这家创立于1946年的电器企业已经闻名于世。其品牌的市场认知度和市场口碑在其所在行业始终名列前茅，在很多地方，印着"SONY"标志的电子产品或电子服务都是客户们的最爱。

"世界最具创新精神"，这是创始人盛田昭夫为索尼指定的品牌内涵，在公司创立之后，索尼的一切工作都围绕着这个内涵展开，尤其是索尼的电子产品，一直走在领域创新的最前沿。

在索尼发展的过程中，索尼曾经开发出无数引领一时的产品或服务，但每一次索尼获得成功之后都不会停歇,在还未遇见市场危机时就已经开始提前布局转型。正是在索尼这样的理念下,才会有晶体管收音机、晶体管电视机、立体随身听、软盘驱动器等一系列产品相继问世。

索尼的创新转型,值得每一个在传统模式下经营的企业学习。难道不可以专注于某一个市场占有率最高的产品或服务的提供吗?当然可以。但索尼知道,一旦固化起来,那么劳动的价值就会越来越低,而只有通过转型创新,才能让自己的劳动附加值始终处于一个较高的位置。

劳动价值规律,是指企业要尽量选择从事劳动价值高的部分,这样才能获得更高的价值回报。如果目前企业还不能直接从事高劳动价值的工作,那就努力向高附加值的方向发展,这样才能在激烈的市场竞争中胜出。

一般来说,依靠劳动价值规律,企业可以打造以下两个能力:

1. 打造自主创新的能力

对于很多发展中的中小型企业来说,它们没有足够的资金,没有稳固广泛的客户群体,甚至没有行业高技术作为支撑。面对如此的窘境,这些企业应该依靠劳动价值规律,逐步打造自主创新的能力。

具体来说,企业可以只聚焦一种产品,通过需求规律,挖掘到客户的深度需求,然后将主要资源倾注在这一点上,尽可能满足客户的需求,借此来逐步打造出自主创新的能力。当然,企业除了可以进行产品创新,还可以进行技术创新、制度创新、组织创新、商业模式创新等。

创新并不是一蹴而就的,而是通过一点一滴的改进慢慢达到的。创新最关键的就是找出一个最简单且有效的方案,然后逐步去落实,最终经过不懈的努力实现目标。创新的方案一定不要做得太复杂,因为复杂的方案往往会带来高昂的资金成本和时间成本,这是比较致命的。

虽然创新很难,但它是企业唯一的生存之路,也是成功的必经之路,所以企业必须要打造出自主创新的能力。

2. 打造资源高效利用的能力

企业的资源是有限的，只有将其高效利用起来才能发挥出最大的作用，才能创造出最大的价值。劳动价值规律强调了劳动在创造价值中的核心地位。企业应该重视每一个员工的劳动投入，确保其工作能够为企业带来最大的价值回报。

为了依靠劳动价值规律打造资源高效利用的能力，企业首先需要确定哪些工作或任务具有最高劳动价值，这通常是与企业核心业务直接相关的活动。然后根据劳动的价值合理分配人力资源，将最有能力的员工分配到最具价值的岗位上，确保他们的技能和经验能够得到最佳的利用。

为员工提供必要的培训和发展机会也是很重要的，这可以帮助他们提高自己的劳动价值，从而为企业创造更大的价值。同时，建立一个公正的奖励机制，确保那些为企业创造最大价值的员工可以得到相应的回报。定期审查和优化工作流程，确保每一个步骤都是必要的，并且能够为企业创造价值。引入新技术和方法，提高劳动效率，使员工能够在相同的时间内创造更大的价值。这些举措都能确保企业始终沿着高附加值的方向发展。

总的来说，劳动价值规律为企业提供了一个明确的方向，即高效地利用人力资源以创造最大的价值。在当今这个快速变化的市场环境中，企业必须认识到员工的劳动价值，并采取措施最大化这一价值。只有这样，企业才能确保自己在竞争中保持领先地位，持续地为股东、员工和社会创造价值。

思考与行动

★结合企业的实际情况，分析企业哪些产品是高附加值的，哪些是低附加值的？

★对于低附加值的工作，企业应该怎么做？

★如果企业将低附加值的工作外包，为了保证产品质量，企业管理者应该注意哪些问题？

13

科学平衡发展规律

中国传统哲学讲"阴阳调和""盈亏往复",这种哲学的内核是一种力求平衡贴近自然的思想。企业发展也是同理,要在科学管理的指导下,力求平衡发展,这种平衡既有内部组织的平衡,也有内部管理和外部营销的平衡,更关乎企业本身和外部市场的平衡。

我国古代医学典籍《黄帝内经》说："万物想要健康长寿，就必须遵从春生夏长秋收冬藏的规律。"很多著名中医专家也认为人需要遵循大自然春夏秋冬各季节的特点配合养生，才能延年益寿。其实仔细观察就能发现，大自然中所有事物的发展都是从蓬勃开始，到枯萎结束的不断循环，所以企业发展也要遵循春生夏长秋收冬藏的规律。

就像人类，白天工作生活需要消耗能量，到晚上就会进入睡眠储存能量，睡眠就是人类的"收藏期"。任何事物当其能量充沛的时候，就会进入快速发展期，但发展一段时间后，能量就会消耗殆尽，这时就必须进入收藏期。

收藏期就像电池的充电，生长期就像电池的放电，有能量输出时放电，能量用完后就要充电。当把这个理论应用到企业实践中，组织运营就是企业的充电，而外部活动就是企业的放电。

企业的平衡发展就是内部的运行机制与外部拓展能力协调起来，当实现这一点后，企业就能够像人体一般稳健。所以，科学平衡发展规律，揭示的就是企业实现健康稳健发展的底层逻辑。

一、科学平衡发展规律的内涵

对于科学平衡发展，最直接的理解就是要取得组织运营和营销推广之间的平衡，不能一味追求市场机会，把所有精力放在营销上；也不能一味去关注组织建设，将所有精力放在组织上，要营销、组织齐头并进。

当下有很多企业只是一味追求市场机会，追求销售额的快速增长，不愿放慢脚步思考一下企业的组织运行规则，思考一下如何规划资源，或者思考一下企业未来的定位等问题，最后迷失在市场数据中，直到淹没在市场的洪流中。

通用电气公司（General Electric，简称GE）是一个历史悠久的跨国公司，其业务涵盖了从电力、航空、医疗到金融等多个领域。在20世纪80、90年代，GE公司在杰克·韦尔奇的领导下，经历了一段黄金时期，公司价值迅速增长，成为全球最有价值的公司之一。然而，随着时间的推移，GE公司的发展策略逐渐偏离了其核心业务，开始盲目扩张。

在21世纪初，GE公司开始大举进军金融领域，创建了GE Capital这一金融部门。起初，这一策略为公司带来了巨大的利润，但随着2008年金融危机的爆发，GE Capital遭受了巨大的打击，巨额的坏账使得GE公司的财务状况岌岌可危。

此外，GE公司在其他业务领域也进行了大量的并购活动，试图通过扩张来增加市场份额。然而，这些并购活动都缺乏明确的策略导向，导致GE公司承担了巨大的财务风险，而新并入的业务也并没有为GE公司带来预期的收益。

盲目的扩张和不注重科学平衡发展的策略，使得GE公司的业务结构变得过于复杂，管理难度加大。公司的核心竞争力逐渐被稀释，与此同时，巨额的债务和金融危机带来的冲击，使得GE公司的财务状况日益恶化。

到了2010年后，公司开始出售其非核心业务，试图通过重组来恢复公司的健康。但由于之前的策略失误，GE公司的市值已经大幅缩水，其在全球最有价值公司的排名榜上也迅速下滑。

科学发展规律即遵循事物发展的节奏和规律，为长期发展奠定基础。 其要求企业在发展过程中要注重内外的平衡发展，不能一味追求一个方面，否则可能会导致企业的衰败。

那些成功跨越百年的企业，它们的发展都非常稳健，每一步都是不疾不徐、踏踏实实，这正是因为它们遵循了科学平衡发展规律。对于企业管理者来说，想要更好地贯彻执行这一规律，需要从以下几方面着手：

1. 要从追求规模的理念转变向追求发展质量的理念

钻石的体积很小，但密度很大；木头的体积很大，但密度很小。从价格上来说，同样重量的钻石要比木头更值钱。做企业，如果只追求规模，就会导致体积越来越大，但含金量却越来越少,所以在企业发展过程中,管理者要改变一味追求规模的理念,在追求规模的同时,还要追求发展质量。

2. 要将以销售为核心的组织形态转变为平衡的组织形态

一些企业会将营销相关的工作都交由销售部负责,这使得销售部门的团队体量变得很大,而后端的部门,比如人力资源部、财务部等团队变得非常小。还有一些企业后端部门的管理人才非常少,有些企业甚至没有人力资源部,或者将人力资源都和行政部门合并。这是极不平衡的组织结构,并不利于企业的发展。

组织结构的不平衡,将会导致企业发展的不平衡。组织架构长期这样混乱,就会反映到营销上,导致营销出现很严重的问题。所以想要保持企业的平衡发展,就需要把以营销为中心的组织结构转变为平衡型的组织结构,比如企业可以建立专业化的市场部、专业化的人力资源部等。

在组织发展的过程中,管理者要定期审视企业前后端部门的规模情况和职能情况,如果发现将要失衡或者已经失衡,就要马上改进,将企业的发展拉回到平衡发展的正轨上。

3. 要建立生长与收藏交替的战略发展模式

很多企业在年初设定全年业绩目标的时候,往往会把业绩目标越定越高,并且增长率也逐年增高。这就导致了一个问题,几乎所有压力都在营销部门上,压在了前端部门。这样下去,业绩能否达标暂且不说,企业内部肯定会出现很严重的问题。

为了防止这样的错误出现,企业在做战略,特别是定目标时,不能一味追求高增长率。可以将某几年的增长率定得较高些,某几年的增长速度降低一些,然后分出部分精力在组织建设上。这样企业在发展过程中,就能做到某段时间比较注重营销的发展,某段时间比较注重组织建设。通过这种战略方式把两者平衡起来,便可以让企业达到平衡发展的状态。

二、科学平衡发展规律的应用

科学平衡发展规律偏向于内部管理能力,企业依靠这一规律,可以打造以下两方面的能力:

1. 打造保证组织平衡发展的战略管理能力

企业应将保证组织平衡发展加入企业战略，通过战略的实施来保证组织的平衡健康发展。如果企业没有良好的战略管理能力，那企业的平衡发展还是纸上谈兵，所以企业应该有保证组织平衡发展的战略管理能力。

2. 打造保证组织平衡发展的计划管理能力

企业定下科学平衡发展的战略目标后，还要有将其分解成若干个切实可行的计划，并提升将计划变成现实的能力。目标只是目标，如果不能合理分解将其变成普通员工都能完成的计划，还是无法保证组织的平衡发展，所以企业还要打造保证组织平衡发展的计划管理能力。

企业的发展路径是一条波动上升的曲线，而不是一条笔直上升的直线。上升之处，便是企业开拓市场、大力营销的阶段；波动之处，则是企业韬光养晦、优化管理的阶段。只有沿着这样的路径向上发展，企业才能一步步达到顶峰，而不至于中途"跌落悬崖"。

思考与行动

★利用科学平衡发展规律，分析一下你所在企业的目标，是每年都设定很高的增长率，还是有高有低呢？想想这样的目标是否符合平衡发展规律？

★如果你所在的企业没有按照平衡发展规律制定战略，那应该如何改变呢？

14

利他规律

伟大的企业不仅是商业生态的一部分,更是社会生态的一部分。打造能够让企业基业长青的能力战略,同时企业要有投身社会的主动性,要从绝对意义上的盈利转变成通过参与社会活动获得成功,这便是利他规律的逻辑所在。

人的身体是一个有机的组织，脏器消化食物为肌肉骨骼提供能量，肌肉骨骼包裹着脏器避免它们受到伤害。企业也是一个有机的组织，当企业中每一个人都能自觉去做对身边人有意义的事情时，企业便能得到稳定的发展。当企业作为社会活动的参与者能够站在他人的角度，做对他人有意义的事情时，企业便能够长久地生存下去。这就是利他规律揭示的企业良性发展的底层逻辑。

一、利他规律的内涵

利他规律，是商业组织的第一规律，指的是通过为他人创造价值，获得自身价值的提升。小到个人和一家企业，大到一个国家一个民族，如果想要更好地生存或成长，就必须同时给周围的人或其他群体输出能量，以此换取一定的回报，从而保障个人或群体能够一直存在，这就是利他规律的内涵。

企业的成长与发展是一个复杂的过程，受到多方面因素影响。但在这其中，消费者始终是企业发展的核心。消费者的选择和消费决策直接影响到企业的销售额和利润。因此，企业必须确保为消费者提供的价值是足够的，这样消费者才会选择企业的商品或服务。

在商业交易中，价值的互换是关键。消费者为企业提供资金，而企业则为消费者提供商品或服务。这种交换关系是基于双方都能从中获得价值的前提而进行的。企业提供的价值越高，获得的回报也会丰厚，这就是企业经营过程中的"利他规律"。

但是，企业在决定商品价格时，不能仅仅考虑短期的利润。长远来看，只有确保商品的价值超过其价格，消费者才会持续选择企业的商品，从而确保企业的持续盈利。此外，企业还需要考虑自己对社会的贡献。一个对社会有所贡献的企业，才会得到社会的更多支持和回馈。这种正向的循环关系，会促使企业不断地创新和进步，进而为社会创造更多的价值。

总之，企业的成长不应该仅是基于短期的利润考虑，更多的应该是基于为消费者和社会创造长期的价值。只有这样，企业才能在激烈的市场竞争中脱颖而出，实现真正的长远发展。

二、利他的对象

企业想要遵循利他规律来打造能力，就要知道利他规律中的"他"到底指的是谁？这个"他"包含的成员很多，概括起来主要有客户、股东、员工、伙伴和社会五类，所以利他的含义主要就是做有利于客户、股东、员工、伙伴、社会的事情。

1. 客户

第一个"他"是客户或消费者，利他规律的落地就是要尽可能地满足客户或消费者的需求。为了满足客户的需求，企业必须深入了解他们的消费习惯、需求和反馈，然后根据这些信息不断改进产品和服务。这不仅是为了赢得客户的满意，更是为了建立和维护企业的品牌形象和声誉。

品牌的价值是无法用金钱衡量的，一旦品牌形象受损，企业的生存和发展都会受到威胁。因此，企业必须始终坚守品质和诚信，确保每一位客户都能获得超出期望的价值。

有些企业为了追求短期利益而忽视了客户的真正需求，如设置了苛刻的退货条件或提供了不良的产品和服务。这种短视的做法不仅会损害企业的品牌形象，还会导致客户的流失，从长远来看，这对企业是极为不利的。

相反，那些真正遵循利他规律的企业始终把客户放在首位，不仅是在产品和服务上，更是在企业的整体运营和管理上。它们建立了一套完善的管理体系，确保从产品的研发、定位、宣传到售前、售中、售后的每一个环节都能为客户创造最大的价值。

全球最大的汽车零配件企业博世的创始人说："我们宁愿少赚钱，也不愿失去顾客的信任。我们无法忍受的是：顾客在使用我们的产品之后却告诉我们产品质量很糟糕。"福特汽车创始人也曾说过："如果从我们这里出去的汽车出了问题，那一定是我们的责任。"

总之，企业要想长久发展，就必须始终遵循利他规律，为客户创造真正的价值。只有这样，企业才能赢得客户的信赖和支持，在激烈的市场竞争中立于不败之地。

2. 股东

第二个"他"是企业的股东或投资者，他们是企业的重要支持者，为企业提供资金和资源，帮助企业扩大规模、开发新产品或进入新市场。因此，企业有责任确保股东和投资者获得合理的回报。

当企业需要额外的资金时，股东和投资者的支持就尤为关键。他们不仅提供资金，还为企业带来信誉和信任。但这种支持并不是无偿的，股东和投资者期望企业能够盈利，为他们带来投资回报。

如果企业长时间未能盈利或持续亏损，股东和投资者可能会失去信心，选择撤资。为了持续获得他们的支持，企业必须具备持续盈利的能力。这意味着企业需要不断创新，降低成本，提高销售额，确保股东和投资者获得合理的投资回报。

当企业盈利时，如何使用这些利润也至关重要。企业应该确保可以把部分利润回馈给股东和投资者，同时也要为未来的发展留下足够的资金。这样，企业不仅能保持股东和投资者的支持，还能确保自身的持续发展。

总之，企业要始终牢记股东和投资者的利益，确保他们获得合理的回报。只有这样，企业才能在激烈的市场竞争中立于不败之地，持续发展壮大。

3. 员工

第三个"他"是企业的员工，他们是企业的核心资产，是企业的基石，是企业成功的关键。每一个成功的企业背后，都有一群努力工作、默默付出的员工。因此，企业对员工的培养和关注是至关重要的。

企业的成功不仅取决于其产品或服务，更取决于其员工。员工的满意度、忠诚度和积极性直接影响企业的整体表现。因此，企业必须确保员工的成长和发展，帮助他们实现自己的职业目标。

但是现实中，很多企业往往忽视了员工的需求和期望，只关心企业的短期利益。这样的企业很难获得员工的真正忠诚和支持。真正的关心员工不仅是提供高薪和丰厚的福利，更重要的是为员工创造一个公平、公正、和谐的工作环境，让员工感受到被尊重和被重视。

具体来说，企业应该鼓励员工之间的沟通和合作，确保工作氛围的融洽和谐。此外，企业还应该为员工提供各种成长和发展的机会，如培训、晋升、期权等，帮助员工实现自己的职业目标。

总之，企业要真正做到以员工为中心，关心员工的每一个需求和期望，帮助他们实现自己的价值。只有这样，企业才能获得员工的真正支持和忠诚，从而实现企业的长远发展和成功。

4. 伙伴

第四个"他"是企业的商业伙伴。在复杂的商业环境中，企业很难独自完成所有的业务工作，需要与各种商业伙伴合作，共同推进业务的发展。这些伙伴可能是供应商、代理商、经销商、OEM 厂商等，它们与企业形成了一个紧密的合作网络，共同为企业创造价值。

为了维护这种合作关系，企业必须遵循利他规律，确保合作双方都能从中获得合理的利益。这不仅是为了短期的合作，更是为了长期的合作关系。只有当合作双方都能持续从中获得利益，合作关系才能稳定、长久。

有些企业在追求自身利益的过程中，忽视了合作伙伴的利益，这种短视的做法往往会导致合作关系的破裂。例如，企业在遇到困难时，会拖欠供应商的货款，或者在产品出现问题时，不愿意退货，这都是违背利他规律的做法。

真正的合作关系是建立在互惠互利的基础上的，企业应该与合作伙伴共同分享风险和利益，共同面对市场的挑战。只有这样，企业才能获得合作伙伴的真正支持，才能在市场上获得更大的竞争优势。

总之，企业在与合作伙伴的合作中，必须遵循利他规律，确保合作双方都能从中获得合理的利益。只有这样，企业才能获得真正的合作伙伴，从而在市场上获得长久的竞争优势。

5. 社会

第五个"他"是企业所处的社会环境。企业不仅是一个经济实体，更是一个社会实体，它与所处的社会环境息息相关。无论是企业所在的园区、当地政府、还是周边的机构，都与企业有着紧密的联系。

企业所处的社会环境为企业提供了必要的资源和支持，比如政府的各种优惠政策、园区的基础设施建设、周边机构的技术支持等，这些都为企业的发展创造了良好的外部条件。因此，企业在追求自身利益的同时，也要考虑到对社会环境的影响，承担起相应的社会责任。

环保、纳税、劳工关系等都是企业社会责任的重要组成部分，企业要积极响应政府的号召，遵守相关的法律法规，为社会创造更多的价值。只有这样，企业才能获得社会的认可和支持，在市场上获得更大的竞争优势。

世界光学和光电行业领先企业蔡司位于德国奥伯科亨市，这个小城市只有不到8 000人，其中有超过6 500人直接或间接为蔡司工作，所以奥伯科亨人对蔡司公司非常关注，整个奥伯科亨都在为蔡司的科技创新提供便利，而蔡司也知恩图报，赞助了小镇上的各种社团、博物馆以及其他文化活动。

总之，企业与社会是一个不可分割的整体，企业要积极承担起社会责任，与社会形成和谐共生的关系，这样才能获得长久的发展。

三、利他规律的应用

企业在追求自身发展的同时，必须意识到其与外部环境的互动关系。利他规律中的"他"不是一个抽象的概念，而是具体指向了企业的各个利益相关者。企业要想持续发展，就必须确保与这些利益相关者形成共赢的局面。

1. 打造跟客户共赢的能力

客户是企业的生命线，为了确保客户满意，企业需要不断创新、提供高质量的产品和服务。企业应建立以客户和消费者满意为导向的营销体系、生产体系、质量管理体系、服务体系等。此外，企业还应该建立一个有效的反馈机制，及时了解客户的需求和意见，从而不断优化自身的运营。

2. 打造跟股东共赢的能力

股东为企业提供了资金支持，他们关心的是企业的盈利能力和长期发展前景。

企业应建立有利于股东的，能帮助股东持续盈利的财务管理机制、营销管理机制，并确保自身的经营策略是可持续的，能为股东带来稳定的回报。同时，企业还应该加强与股东的沟通，确保他们了解企业的战略方向和发展计划。

3. 打造跟员工共赢的能力

员工是企业的核心资产，为了提高员工的忠诚度和工作效率，企业应该提供一个公平、公正、有竞争力的薪酬体系，同时还要为员工提供清晰明确的职业发展路径。企业还应该关心员工的福利和工作环境，确保他们在工作中感到满足和快乐。

4. 打造跟合作伙伴共赢的能力

商业伙伴是企业发展的"加速器"，它们帮助企业快速运作起来，没有它们企业很难运营下去。无论是供应商、经销商还是其他合作伙伴，企业都应该与它们建立长期、稳定的合作关系。企业应建立有利于跟商业伙伴长期合作的供应商管理体系，建立有利于经销商赚钱的经销商管理体系，使合作双方都能从中受益，这样才能确保合作的持续性和稳定性。

5. 打造跟社会共赢的能力

社会环境是企业的"空气"，没有良好的社会环境，企业也无法生存。企业应该承担起其社会责任，关心社会的发展和环境保护。只有当企业与社会形成共赢的局面，它才能获得社会的广泛认可和支持，从而确保其长远的发展。

需要注意的是，在遵循利他规律去制定战略时，企业不能太过计较短期的得失，要立足长远，站在一个较长的时间维度去思考，这样才能制定出适合企业长远发展的战略。

思考与行动

★分析一下同行中做得最好的企业，看看它在哪些方面遵循了利他规律，再跟自己所在企业对比一下，看看二者的差距在哪儿。

★你所在的企业哪些战略是跟客户、股东、员工、合作伙伴、社会有关的？按照利他规律分析一下之前制定的战略是否能达成共赢，如果不能达成共赢，应该怎样修改？

第三章

绘制战略规划的蓝图

01

总体战略规划
——战略规划的顶层设计

在这个日新月异、竞争激烈的时代，企业如同航行在汹涌大海中的船只，没有明确的方向和目标，便难以抵达彼岸。企业的成功并非偶然，而是源于一份精心设计的"地图"——总体战略规划。

在这个充满不确定性的商业世界里,战略规划如同指南针和航海图,是引领企业穿越汹涌大海的关键。老话说"船到桥头自然直",但在到达桥头之前,如果没有精准的战略规划,企业这艘大船便可能迷失在复杂多变的市场环境中。

根据对美国 101 个零售、服务和机械行业制造企业在连续三年内跟踪研究得出的结论,业务管理上使用了战略管理的企业,在产品的销售、利润和生产效益方面比没有系统规划活动的企业有更大的改善。而低效运作的企业由于未能有效地采用战略管理的手段,没有准确分析企业的内、外部劣势,对外界变化没有予以足够重视,导致企业运作困难。

——邬适融《现代企业管理(中)》

从这段表述中可以看出,战略管理在企业成功中的决定性作用——实施战略管理的企业会获得更好的发展,没有系统做过战略规划的企业在运作中便常会遇到各种困难。

在军事学中,战略是对全局的高层次规划和谋划,涉及如何配置和使用有限资源以达成预定目标。它是一个综合性的概念,不局限于战场行动,还包括政治、经济和心理等多个方面的综合考量。同样,在企业管理中,战略也是一种全局性的谋划,是企业未来发展的基础和方向。

而所谓战略规划,是围绕梦想(远景),基于事物发展基本规律,对企业未来发展方向与道路所做的一整套组织约定。正如古人观察天文、地理,以洞见自然之规律一样,企业的战略规划也是一种需要深刻洞察和缜密规划的艺术。

每一家企业都有其独一无二的总体战略规划,这是企业灵魂的体现,也是其长远发展的"指南针",阐明了企业的远景、使命和价值观。然而,由于总体战略规划具有高度的前瞻性,执行过程中易生偏差,所以为了确保企业顺利行舟对岸,通常会将这一宏观的目标拆解为多个五年战略规划,如图3.1所示。这些五年规划犹如企业前行的航标,是总体战略规划在不同历史阶段和多变环境中的具体体现。它们指导企业如何在各个阶段和不同环境中,依据总体战略规划,作出明智的决策和行动。

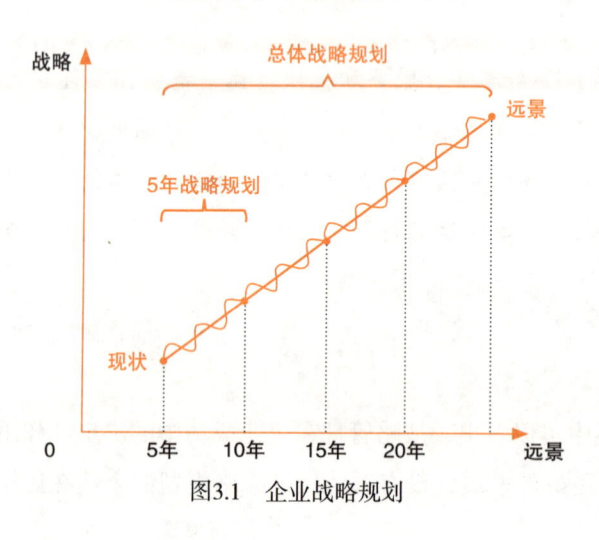

1. 总体战略规划——远景使命价值观
2. 5年战略规划——战略能力&OGSM

图3.1 企业战略规划

华为公司成立于1987年,是最有影响力的品牌之一,它不仅是一家生产电子产品的公司,更是一个拥有完整生态系统的品牌。这一切成绩的取得都源于其总体战略规划的制定与落实。

华为公司的远景是通过其产品和服务人们带来更加智能化、高效化、便捷化的生活体验。这一点在其电子设备、通信服务等相关产品或服务中都得以体现;华为公司的宗旨是服务客户、创造价值;华为公司重视自主创新、服务客户、合作共赢,这些价值观始终贯穿于其产品和服务中。

华为公司的战略规划并不局限于信息服务和硬件产品,而是构建了一个包括基础研发、软件和服务在内的全面生态系统。通过自有生态系统，华为实现了硬件、软件和服务之间的高度集成。这种一体化的用户体验增强了客户对华为产品和服务的忠诚度，从而提高了客户黏性。

随着全球经济和市场环境的不断变化，华为公司也在持续地调整和完善其总体战略规划。近年来华为加大了在科技领域的研发投入，逐步在一些领域做出了领先性探索，堪称中国企业的楷模。

通过这个案例，可以看出总体战略规划的重要性。它不仅是企业长期生存和发展的基础，更是企业在关键时刻作出正确决策的重要依据。总体战略规划中的远景、使命和价值观这三者相互影响，共同塑造了企业的核心竞争力。

这种顶层设计就如同古人对宇宙和地理的深刻洞见，需要具备一定的前瞻性和认知深度。它并非刻板不变的规则，而是需要根据市场趋势、企业的内外部状况，乃至全球经济大局进行持续的调整和完善。

所以说，总体战略规划不仅是企业的"灵魂"，更是其未来发展的"指南针"。它围绕企业的远景、使命和价值观，为企业描绘出一幅全景图，指导企业在不同阶段、不同环境下作出正确的决策和行动。正是这种灵活而全面的规划，使企业能够在复杂多变的商业环境中保持竞争力，实现可持续发展。

思考与行动

★请简单描述你所在企业的总体战略规划。

★你所在企业的总体战略规划是否包含远景、使命、价值观等内容？

★试着根据本节内容，重新阐述你所在企业的总体战略规划。

02

五年战略规划
——战略规划的实现路径

战略规划是一项宏图大计，想要让其顺利落地执行，就要将其分解为一个个周期较短的五年战略规划。在此基础上，将五年战略规划分解为具体的战略型项目，并以科学方法制订年度经营计划，便可以一步步实现总体战略规划目标。

企业是由人组成的集体，对于集体中的个人而言，短期的、具体的事务更容易被准确描述和理解，而那些长期的、抽象的事务则很容易被搞混或忘记。战略实现是一个长期的工作，制定好了总体战略规划，并不意味着企业就一定能够顺利实现其规划目标，因为这个过程太漫长了。

庞斯是著名的探险家，他的探险足迹遍布南北美洲。有一次，庞斯需要经过一片原始森林，由于这是一片未经开发的森林，因此进去还没有多久，庞斯和他的团队成员就在茂密的森林中迷失了方向。

此时，庞斯没有任何可以辨别方向的设备，为了找到出路，他想出了一个方法。他让其他人从树上折下一些树枝，然后将这些树枝按直线摆在地上。之后，团队中的每个人轮流将最后面的树枝拿在手上放到树枝铺成的直线最前面。因为树枝是笔直的，这样就避免了他们因为方向错误而绕圈子。就这样，虽然前进得比较缓慢，但他们最终沿着这些树枝构成的直线顺利找到了出路。

这种"树枝前进法"带来的启示是，当有了一个特定的终极目标之后，想要完成这个目标，就需要从小处着手，一步一步来实现那些看起来很宏大的不可能完成的目标。那么，怎样才能够保证总体战略规划设定的那些"大目标"实现呢？那就是运用这种"树枝前进法"把总体战略规划的"大目标"细分为多个五年战略规划中的"小目标"。

将总体战略规划分解成一个个实现周期相对短一些的五年战略规划，再结合科学平衡发展规律将五年战略规划分解成"生长期"和"收藏期"，制订年度经营计划，通过年度经营目标的达成来实现五年战略目标，最终便可以实现总体战略目标。

为什么企业要将总体战略规划分解成有时间限制的五年战略规划呢？因为不管是行业政策，还是市场环境，都处在快速变化中，在激烈的市场竞争下，如果企业制定了一个周期比较长的战略规划，而当周围大环境发生变化后，这个战略规划便很可能不再符合现有的市场情况或者规律，这样一来战略规划在落地执行时就会出现各种问题，从而无法达到最终的目的。所以，企业应该将总体战略规划分解成五年战略规划。

其实，个人的生命周期与企业的生命周期一样，都有总体战略规划和五年战略规划。大学刚毕业时相当于企业创立初期，求学生活已经结束，即将投入激烈的职场（市场）竞争。在这一时期，大部分人都会对自己的未来有一个较为清晰的规划，比如：

我要成为一名优秀的医生，救死扶伤；

我要成为一名知名的导演，制作出顶级的电影或者电视剧；

我要成为一名杰出的作家，写出一本惊世佳作；

……

也有一些人还没有做出一个清晰的规划，但会有一个大致的规划轮廓，比如：要成为一名生活富足的人；要给家人或父母更好的生活；或者要成为一名优秀的父亲／母亲，给孩子最好的陪伴等。

以上这些是每个人的总体战略规划，也就是设想的自己未来理想的存在状态是什么样的。同样，对每家企业来说，创立之初也要有一个目标，企业未来要达到理想存在状态的样子，这就是企业的总体战略规划。福特公司的总体战略目标是要"使每一个人都拥有一辆汽车"。

仔细分析大学毕业后进入社会和职场两到三年之后的人的状态，会发现这些人基本上可以分成以下两类不同的状态：

第一类人，始终秉承着对总体战略规划的坚持，制定了较为详细的执行步骤和时间节点，并按照短期战略规划（五年战略规划）一步步地朝着目标前进；

第二类人，经过社会和职场的洗礼，已经忘记了总体战略规划，忘记了曾经的梦想，有些人甚至更改自己的规划，比如：我不用当一名优秀的医生，只当一名合格的医生就行；我不必当一个知名的导演，只做一名普通导演就好；我不必写出什么惊世佳作，只要能养家糊口就行……这些人，正在慢慢遗忘或是改变自己曾经坚持的规划。

如果将时间延长，在经过十年、二十年后，这两类人的状态又会有更加明显的区别：

第一类人，大多实现了曾经的梦想，基本达到了想要的理想状态，虽然不是全部，但成功比例要比第二类人要高出很多；

第二类人，排除一些偶然因素之外，几乎没有人实现曾经的梦想，也没有人达到曾经想要的理想状态。

刚进入社会和职场时，大家都同样的充满干劲和理想，为什么在十几年后会出现这样大的差异呢？排除一些基本条件的差异外，主要有以下两方面因素：

一、总体战略规划是否合理

一个文科毕业生，如果给自己制定的总体战略规划是成为一名优秀的物理学家，那么这个规划能实现的概率肯定很低；一个理工科毕业生，如果给自己制定的总体战略规划是成为一名优秀的外科医生，那实现的概率也会很低。这说明制定的总体战略规划是否合理，影响着最终战略目标是否能够顺利实现。

二、短期战略规划是否存在

一个以成为优秀外科医生为毕生追求的医学生，如果他是第一类人的话，那么他会在毕业之前就了解各家医院的优劣势，哪家医院的外科最好，各家医生的晋升通道如何，需要考取什么样的证书，时间年限又是如何的，住院医师和非住院医师的区别以及职业发展是怎样的等情况。因为只有了解这些情况之后，他才能根据自己的实际情况，找到自己的优势与短板，尽快为实现总体战略规划做好准备。

要做哪些准备呢？第一类人会列出一个切实可行的短期战略规划（五年战略规划），比如：工作几年？要考什么证书？要达到什么职称？要达到这些目标，自己在个人职业发展中需要在什么时间段中做什么事情等。

将这些问题列出来之后，第一类人就有了一份具体的短期战略规划（五年战略规划）指引。这之后，只需要严格要求自己，并按照这份战略规划指引去落实执行，就能顺利实现自己的梦想。

第二类人往往也有自己的理想，但大多只停留在"想"这一步上，他们不知道如何一步步去实现自己的理想，更不会去制定短期战略规划，一些人甚至根本没有想过要去实现自己的理想，只是得过且过。因此，这类人中的绝大多数最终都很难实现自己的理想。

通过对这两类人的分析，可以知道第一类人的做法是比较科学的，他们将自己的总体战略目标逐步分解为具体的短期战略目标，一步一步去落实执行，最终顺利实现了目标。同样的道理放到企业之中也是如此。企业的总体战略规划要科学合理，要切实可行，只有将其分解为具体的五年战略规划，才能一步一步落实五年战略规划，进而实现总体战略规划的目标。而在这一过程中，了解并遵循战略规划的制定流程便是尤为重要的一项工作。

思考与行动

★根据本节内容，说一说总体战略规划与五年战略规划之间的关系，并仔细思考一下,你所在企业的战略规划属于总体战略规划,还是五年战略规划。

★说一说你自己的战略发展规划，再与你所在企业的短期战略规划进行比较，看看两者的内在逻辑是否一致？

03

战略规划的制定流程

制定有效的战略规划是一项复杂而细致的任务,涉及多个关键流程,这些流程相互关联,共同构成了一个完整的战略规划体系。理解这些流程的内在逻辑和相互作用,对于制定和成功执行战略规划至关重要。

如今，战略规划这一概念已经深入商业领域，成为企业成功的关键因素之一。战略规划，将军事上的智慧与现代企业管理融合，就如同古人对天文、地理的精妙洞见，需要一套严谨而全面的流程来确保其可行性和有效性。这一流程不仅是企业长期生存和发展的基础，更是在关键时刻作出正确决策的重要依据。

图 3.2 便是战略规划的主要制定流程，它将引导管理者从宏观到微观，从理念到行动，全面而系统地完成战略规划的制定工作。

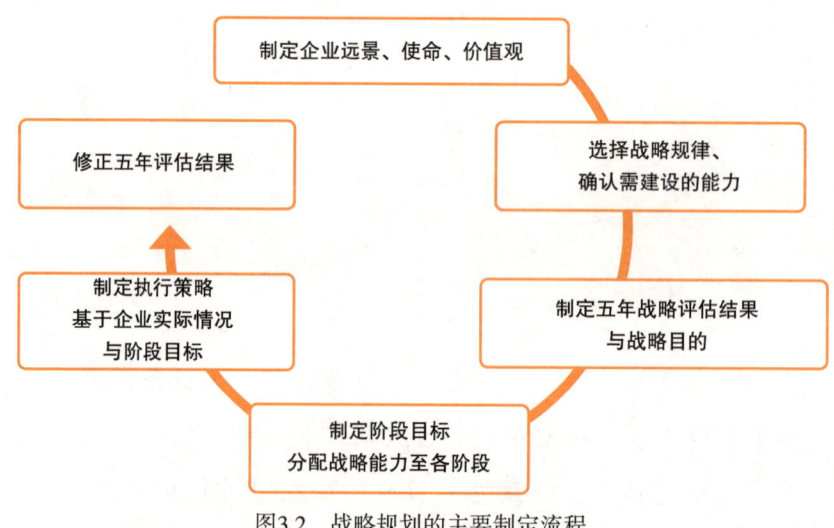

图3.2　战略规划的主要制定流程

流程一：制定企业远景、使命、价值观

在前文中，已经探讨了总体战略规划的重要性和其在战略规划中的顶层设计作用。正如古人观察天文、地理以洞见自然之规律，战略规划也是一种需要深刻洞察和缜密规划的艺术。这一艺术的第一步便是制定企业的远景、使命和价值观。

远景是企业的长远目标，它应该是激励人心的，并能指引企业未来的发展方向。这一点就如同为一艘航船设定目的地，是整个战略规划的基石。使命是企业存在的根本目的，它解答了"我们为什么存在？"这一基本问题。其应当简洁明了，易于理解，能够在员工和利益相关者中产生共鸣。价值观是企业文化的核心，它定义了企业内外部行为的准则和标准。其应当与企业的远景和使命相一致，并能在日常运营中得到体现。

远景、使命和价值观相互影响，共同塑造了企业的核心竞争力。它们不仅是战略规划的起点，也是企业文化、组织行为和战略执行的基础。因此，在制定战略规划的过程中，明确远景、使命和价值观具有至关重要的作用。

流程二：制定战略目的

在明确了企业的远景、使命和价值观之后，下一步便是制定战略目的。这一环节可以视为企业战略规划的"战场布局"，它将远景和使命具体化，转化为可量化和可执行的目标。也正因如此，企业制定的战略目的必须与企业的远景和使命紧密相关。这样才能确保所有的战略行动都是朝着同一方向努力。

通过这一流程，企业能够制定出明确、可行的战略目的，为后续的战略规划和执行提供明确的方向和依据。这一流程就如同古代将军在战场上审时度势，然后制定出精妙的布局，为取得全面胜利打下坚实基础。

流程三：选择战略规律，确认需具备的能力

在战略目的明确之后，接下来的任务是选择适当的战略规律并确认需要培养的能力。这一环节可视为战略规划的"战略选型与兵力部署"，它是将战略目的具体化为可操作的行动计划的关键步骤。

在选择了战略规律后，企业需要进行全面的能力评估。这包括现有能力的盘点，以及与战略目的之间的匹配度分析。通过能力评估，企业将识别出能力缺口，即现有能力与实现战略目的所需能力之间的差距。

通过这一流程，企业不仅能选择出最适合自己的战略规律，还能明确需要培养的能力，从而为实现战略目的铺平道路。这一步骤犹如古代的智者通过观察自然界的规律和现象，来预测未来的天气或决定农作物的种植时机。同样，企业通过深刻

洞察市场和评估自身的状态，选择最适合的战略规律和能力建设，就能在商业环境中找到最佳的发展路径。

流程四：制定阶段目标

在确认了需要培养的能力后，下一步是将这些能力匹配到不同的战略阶段，并为每个阶段设定明确的目标。这一环节可视为"战役布局与时间表设定"，是确保战略目标能按计划实现的关键。

通过这一流程，企业能够将战略目标和能力分布到不同的阶段中，形成一个清晰、可操作的战略实施计划。这一流程就像古代将军在战场上，根据不同阶段的战况，灵活调整战术和兵力，以应对各种不可预见的变数。这样的细致规划和灵活应变，不仅提高了战略的可执行性，也增加了企业在复杂商业环境中的适应性和竞争力。

流程五：制定策略合集

在这一流程中，企业需要将这些战略能力分解到具体的项目之中，并形成一套完整可执行的策略合集。这一流程就像将军根据战场形势，将不同兵种的能力和特点结合起来，以形成一套完整的战术体系一样。

通过这一流程，企业不仅能确保战略目标的可行性，还能提高战略的执行力，从而更有效地应对复杂多变的商业环境。正如古人所言，"善用兵者，先为不可胜，以待敌之可胜"，只有做好充分的准备和规划，才能在商业战场上取得最终的胜利。

流程六：修正五年评估结果

在战略规划中，"制定五年评估标准"是一个关键的收尾工作，它相当于古代战争结束后的战功评定。通过设定一系列具体、可量化的评估标准，企业可以定期检查战略目标是否得到实现。这一步骤就像古代将军在战后总结经验，对战果进行评估，以便在未来的战争中更加精准地部署战术和兵力。

这一流程不仅是对过去五年战略规划执行的全面总结，也是未来五年战略规划方向的重要参考。通过这一流程，企业能够持续地检验和调整自己的短期战略，确保始终沿着正确的发展轨迹前进。正如古人所言，"知彼知己，百战不殆"，只有充分了解自己的优点和不足，才能在商业战场上取得最终的胜利。

总体来说，战略规划的制定流程是一门深刻的艺术和科学，它涵盖了从企业远景、使命、价值观的设定，到战略目标和能力的明确，再到具体策略执行和五年评估的全过程。这一流程就如同古代的天文观测和地理洞察，需要企业领导者具备高瞻远瞩的视野和细致入微的执行力。只有这样，企业才能在这个充满挑战和机会的时代，确定自己的北斗星，稳健地航行在成功的海洋中。

思考与行动

★你所在的企业在制定战略规划时，在流程上是否与本节的战略规划制定流程存在相似之处？

★试着总结一下战略规划制定各流程中，企业需要做好的关键工作是什么？

04

战略规划从企业远景开始

企业远景是战略规划的起点和灵魂,它描绘了组织希望未来达到的理想状态。从远景出发,企业可以更加明确地制定其战略目标和行动计划,确保所有的努力都是朝着同一个方向进行。

《诗经》中说"靡不有初，鲜克有终"，企业如果没有远景作为初心，便无法制订出一致性的行动计划，并在关键的节点做出一致性的选择，也就是规划没有延续性。所以我们会看到基业长青的企业，都是在创立的时候便立下了远景，然后由管理者制定长远的战略规划，并带领团队朝着远景进发，一步步实现规划。

1985年，一个12岁的少年在阅读特斯拉传记的夜晚，为自己设定了一个宏伟的远景：成为一个能够改变世界、实现人类梦想的人。这个远景不仅塑造了他的个人成长，也影响了他后来与别人共同创立著名搜索引擎公司。公司自成立之初就有一个清晰的远景，即"成为一个造福于人类的前沿互联网科技企业"。这个远景不仅是一句口号，更是企业文化和战略规划的核心。

在这个远景的指引下，公司制定了一系列战略目标和行为规范，其中最为人们熟知的便是"完美的搜索引擎，不作恶"。这些规范和目标不仅指导了产品开发，也体现在其多项公益性质的服务中，如地图和翻译。这一切都证明，企业不仅设定了远景，更重要的是，在实践中一直不断地朝着这个远景努力。到2022年底，其公司的市值大幅增长，更重要的是，他们通过各种产品和服务，真正实现了所构想的远景。

所谓远景，其实是组织的一种理想存在状态。它不仅是一个高远的目标，更是团队成员共同追求和全力以赴的方向。它像一座灯塔，照亮了企业在复杂多变的商业环境中前行的道路，也是企业文化和战略规划的基石。

正如上面的例子所示，一个明确和共同认可的远景能够激励团队不断前进，即使面临困难和挑战，也能保持对目标的坚定不移。因此，远景不仅是企业战略规划的起点，也是其成功实施的关键。

哲学围绕人存在的价值、存在的目标以及如何存在得更有意义等进行了一系列探究。企业同样如此，也要时常审视企业存在是为了什么、存在的价值是什么以及如何存在等问题。所以企业必须要提出自己的远景，并用这个远景来引导企业战略规划的制定。

一个美好的远景能够激发人们内心的感召力，激发人们强大的凝聚力和向心力，能让企业变得更好。想要制定出一个美好远景需要满足几个关键条件：

1. 认同感和团队共识：制定一个好的远景首先需要在团队内部达成共识。这样做不仅能确保每个人都有明确的方向和目标，还能增强团队凝聚力。当每个人都认同并致力于实现这一远景时，整个组织就会像一个有力量的整体一样，朝着共同的目标前进。

2. 与个体和组织价值观的契合：远景不是孤立存在的，它需要与组织的整体战略和价值观紧密结合。这意味着，远景的实现路径应该是建立在组织和个体价值观的基础之上的。这样，每个人在追求远景的过程中，不仅能实现个人价值，也能推动组织目标的实现。

综合这两点，可以看出，一个优质的远景不仅能指导组织的长期发展，还能激励团队成员在实现个人目标的同时，也能为实现组织的整体目标作出贡献。这种双赢的局面是每一个成功的战略规划都希望达成的。

明确制定远景的关键条件后，想要制定出适合企业的远景，还需要回答表3.1中的三个问题：

表3.1　制定企业远景需要注意的问题

问题	1.您希望公司未来在什么地域范围内发展
	2.您希望公司未来在什么领域内进行经营活动
	3.您希望公司未来将在上述两个范围内达到什么样的状态

回答出以上三个问题就能确定企业的远景到底是什么，并且能给出一个比较明

确的阐述。为了将远景表述得更加清晰，可以采用"远景＝时间＋地域＋领域＋达成状态"这种格式对其进行描述。

比如，可以参看表 3.2 中企业的远景：

表3.2　企业的远景

企业远景	同仁堂：有健康需求的地方就有同仁堂
	腾讯：用户为本，科技向善
	华东医药：成为一家以科研创新驱动的国际化品牌医药强企

企业远景是对企业未来发展的一种期望和描述，它告诉人们这家企业是什么？未来它将会变成什么样子？一家企业，只有清晰地描述出企业的远景，员工、社会、投资者和合作伙伴才能对这家企业有一个更清晰的认识。

在制定企业远景时，关键在于找到一个长期、可行且足够有挑战性的目标，这个目标应与整体战略规划相协调，并得到团队的广泛认同。远景不是短期可达成的目标，而是一种持久的理想状态，需要全体成员的共同努力和持续奋斗。因此，远景应该是明确、可量化的，并可能需要随着时间和环境的变化进行动态调整。只有这样，远景才能真正成为推动企业持续发展的核心动力。

思考与行动

★请说一说你所在企业的远景。
★试着分析一下你所在企业的远景与本节所述企业远景有何区别？
★试着用本节介绍的具体方法重新描述你所在企业的远景。

05

战略规划中的企业使命

　　企业使命是战略规划中不可或缺的一环，它明确了企业存在的根本目的和对各方利益相关者的价值承诺。一个清晰、具有吸引力的使命能够凝聚员工、吸引客户，同时也能为企业在复杂多变的商业环境中作出正确决策提供指导。

现代管理学之父德鲁克认为，管理就是界定企业的使命，并激励和组织人力和资源去实现这个使命。界定使命是企业家的任务，而激励与组织人力和资源是领导力的范畴，二者的结合就是管理。

企业的使命是对所有利益相关者，包括员工、股东、客户和社会所作出的总体价值承诺。与远景不同，使命更多地关注企业在实现远景过程中的核心职责。它是企业文化和战略规划的基础，也是日常运营决策的重要参考。

使命明确了企业存在的目的，也在复杂和不断变化的商业环境中为企业提供了作出决策的方向和依据。因此，一个明确和引人共鸣的使命不仅能增强团队凝聚力，还能在外界树立企业的正面形象。

1995年在亚马逊成立之初，它并不是一家引人注目的企业，但其创始人杰夫·贝索斯为公司制定了一个明确的使命：以客户为中心，提供最优质的产品和服务，从而建立一个真正让所有人受益的互联网零售平台。这一使命不仅指导了亚马逊在各个领域的拓展，还为其赢得了广泛的客户和市场认可。

贝索斯的长远视角和坚定使命使亚马逊能够在不断变化的市场环境中保持稳健发展。他从不为短期的财报和业绩所困扰，而是始终专注于实现企业的长期目标。这一使命不仅塑造了亚马逊的企业文化，还在外界树立了其作为一个"基业长青"的企业的正面形象。

清晰的使命是亚马逊能够发展到今天的一个重要因素，是贝索斯能够凝聚亚马逊数百万员工和上亿客户的纽带。亚马逊的成功也充分证明了，一个明确和引人共鸣的企业使命不仅能增强团队凝聚力，还能在复杂和不断变化的商业环境中为企业提供持久的竞争优势。

使命在企业远景的基础之上，具体地定义企业在全社会经济领域中所有经营活动的范围和层次，具体地表述企业在社会经济活动中的身份或角色。想要制定出合适的使命，企业管理者需要回答表3.3中的几个问题：

表3.3　制定企业使命需注意的问题

问题	1.企业要为消费者（或客户）提供什么
	2.企业要为社会创造什么
	3.企业要为合作伙伴带来什么
	4.企业要为员工带来什么
	5.企业要为股东/投资者带来什么

细心的读者可以发现，上面五个问题的答案就是"利他规律"的应用。在现代商业环境中，"利他规律"已经成为一种被普遍接受的原则，即企业要想取得长期成功，必须将自己定位为服务者和商业活动的互惠者。这一点在制定企业使命时尤为重要。

企业使命应该明确地体现出企业如何从各个角度去"利他"。这不仅包括对客户的服务，还涵盖了对员工、供应商、社会和环境等多个层面的责任和承诺。具体来说，企业使命应该明确指出企业将如何通过其产品或服务为客户创造价值，如何为员工提供成长和发展的机会，如何与供应商建立互惠互利的关系，以及如何对社会和环境负责。

这样一个以"利他"为核心的企业使命，不仅能够增强企业内部的凝聚力，还能在外部建立良好的品牌形象和社会责任感。更重要的是，当企业在各个层面都能实现"让利"，它自然能够获得更大的发展空间和更高的市场接受度。因此，"利他规律"不仅是企业文化的一部分，更是制定企业使命时不可或缺的重要指导原则。

根据利他规律，结合自身所处行业领域和远景，企业便可以制定出适合自己的使命。为了将使命表达得更加准确，可以采用**"使命＝通过什么手段，为谁带来什**

么价值"这种格式对其进行描述。

比如，表3.4、表3.5是两家企业的使命。

表3.4 强生（中国）的使命

强生（中国）的使命	1.对于客户，我们始终以大众健康为己任，致力于提供高质量产品及服务以达到满足顾客需要和改善其生活质量的目标
	2.对于员工。我们为他们提供包容性的工作环境，尊重他们的多样性，给予他们平等的聘用、发展和升迁的机会
	3.对于投资者，我们通过企业的不断盈利，给予优厚的回报
	4.对于合作者，我们谋求共同发展，实现双赢

表3.5 华东医药的使命

华东医药的使命	对内	对外
	对员工：良好的福利待遇、职业生涯规划和晋升机会	对客户：满足顾客需要、提供高品质产品
	对股东：优厚的回报	对合作者：共同发展，实现双赢

可以看出，企业的使命是一种全面的价值承诺，它不局限于对内部员工和股东的责任，也延伸到企业对社会、合作伙伴以及其他利益相关者的承诺。这样全面而均衡的使命能够帮助企业在复杂多变的商业环境中提供明确的方向和形成强大的凝聚力。当企业能够在各个层面实现其使命时，它不仅能赢得内外部各方的信任和支持，还能在持续发展的道路上走得更远、更稳。

思考与行动

★说一说你所在企业的使命是什么？

★根据本节所介绍的内容，说一说你所在企业的使命是否是全面的，是否需要调整？

★试着用本节介绍的具体方法重新描述你所在企业的使命。

06

基于战略目标的
企业价值观

企业价值观是战略规划中的另一个关键要素,它不仅影响着企业文化,还直接关联企业的品牌形象和市场表现。一个明确和一致的价值观体系能够引导员工行为,营造企业内外的关系,推动企业朝着其战略目标顺利迈进。

在商业市场中，每一家企业都有其独特的商业行为，这些行为的背后，往往是其深层的价值观在发挥作用。价值观，不是一套抽象的道德标准或是非判断，而是企业在追求战略目标过程中的行为指南和决策基石。当谈及人与人之间的互动，或是人与事务的处理方式时，价值观都扮演着至关重要的角色。

在战略规划中，价值观是基于组织的战略目标，组织设定的关于人与人、人与事的一整套是非标准，是企业做事的方式和行为准则。它既是企业内部文化的核心，也是外部品牌形象的反映。在这个小节中，将深入探讨如何基于战略目标来塑造和维护至关重要的企业价值观。

在塑造企业价值观的过程中，了解"商业组织进化的五个阶段"是至关重要的。这一概念揭示了不同发展阶段的企业具有不同的组织行为和价值观。

商业组织的五个成长阶段分别为婴儿期、儿童期、少年期、青年期和成熟期。在婴儿期，企业通常是微型的，拥有0~30名员工，处于生存和初步发展的阶段；儿童期的企业规模稍大，拥有30~150名员工，此时的主要任务是引入科学管理以实现长期发展；进入少年期，企业规模扩大至150~800名员工，专业化管理成为主要目标，需促进各部门的专业发展；青年期的企业，规模进一步扩大至800~4 000名员工，此阶段的关键是提升整个组织的思想和文化水平；成熟期的企业通常拥有超过4 000名员工，成为集团级的工业化企业，其主要目标是融入社会并产生积极的社会影响。

了解这些阶段不仅有助于企业管理者更准确地定位自己的组织，还能帮助他们更有效地制定与企业发展阶段相匹配的价值观。这样的价值观将更有针对性，更能推动企业朝着其战略目标迈进。

在工业化企业的成长过程中，不同的发展阶段会形成不同的组织行为和价值观，见表 3.6。当企业进入儿童期，也就是职业化阶段时，价值观应侧重团队协作、合作互信、传承和纪律严明。这些价值观有助于企业在初期建立稳固的基础。

随着企业发展到少年期和青年期，也就是专业化和精英化阶段时，价值观需要相应地进行调整和完善。在专业化阶段，追求进步、主动进取、勤奋工作和突破自我成为主导价值观。而在精英化阶段，主人翁精神、社会责任感和创新更为重要。

表3.6　工业化企业价值观

	工业化企业		
	职业化阶段	专业化阶段	精英化阶段
价值观	·团队协作 ·合作互信 ·传承 ·纪律严明	·追求进步 ·主动进取 ·勤奋工作 ·突破自我	·主人翁精神 ·社会责任感 ·创新

这些价值观不是孤立的，而是随阶段逐级递进和演变的。企业需要根据自身所处的发展阶段来确定和调整合适的价值观，以此不断完善自己的价值观体系，推动企业朝着更优秀、更卓越的方向发展。

表 3.7 是一些著名企业的价值观示例：

表3.7　企业的价值观

企业价值观	**同仁堂：** 同修仁德、济世养生、全心全意为人民健康服务
	梦洁： 在以爱为基石的付出中成就荣耀
	强生（中国）： 关爱全世界，关注每个人

总体而言，企业价值观不仅是领导者和员工用以判断事物的标准，更是一种深入人心的共识和信念。一旦这些价值观被确立，它们便具有长期的稳定性，甚至有可能成为跨越几代人的共同信仰。这样的价值观体系不仅可以在短期内指导企业的决策和行为，更为企业提供了持久的精神支撑力，使其能够在各种挑战和变革中保持坚定和一致。这也是为什么价值观能在企业战略规划中占有不可或缺

的地位的原因。

> **思考与行动**
>
> ★说一说你认为的价值观是指什么？你所在的企业的价值观是什么？
>
> ★根据本节所介绍的内容，说一说你所在企业当前应确立的价值观是什么？
>
> ★试着用本节介绍的具体方法重新描述你所在企业的价值观。

第四章 设计战略执行的路径

01

制定战略规划使用的 OGSM模型

战略规划的制定并不是管理者的凭空想象而成的，它需要依靠科学的模型与方法。OGSM模型便是一种颇为有效的制定战略、落实战略的管理模型。

20世纪90年代，任正非曾说过这样一段话："华为经历了十年的发展，有什么东西可以继续保留，有什么东西必须抛弃，我们又能从业界最佳吸收什么？如何批判地继承传统，又如何在创新的同时，承先启后，继往开来。继承与发展，是我们第二次创业的主要问题。"

在说这段话的同时，一个被称为"华为基本法"的文件逐渐成形并开始在华为内部发挥作用了。可以说，华为公司在相对封闭的空间之内，逐渐形成了自己的文化和精神。也正是因为有着这样的精神，华为一直走到了今天。

从早期的C&C08数字程控交换机，到现在的华为5G设备，过硬的产品和服务是他们取得商业成功的关键，然而三十年的成功，依靠的绝不仅是某一款产品，可以说，"华为基本法"作为铺垫，才是华为能够基业长青的关键。

"华为基本法"的第一条是这样写的——"华为的追求是在电子信息领域实现顾客的梦想，并依靠点点滴滴、锲而不舍的艰苦追求，使我们成为世界级领先企业。"**基业长青的企业，依靠的绝不仅是某一款产品或某一种服务，需要的是一以贯之的企业远景和将远景落实的过程，具体到企业运营中，就是将企业的总体战略规划分解为五年战略规划，并通过企业量化管理模型制定出符合企业实际情况的五年战略规划的过程。**

这个过程的一个难点是，每个企业都有其特殊的背景和经营情况，并不存在一个既定的五年战略规划模板供企业直接套用。这就像"华为基本法"只能指导华为的短期战略和年度计划一样，每个企业也要根据自己的实际情况，制定自己企业的五年战略规划。

当然，企业制定五年战略规划虽然不能套用统一模板，但制定的逻辑却是相通的，管理者如果能够清晰地了解制定五年战略规划的逻辑，就能够制定出符合自己企业的战略规划。

以华为为例，首先它拥有实现企业使命的远景，依照远景来制定其总体战略规划，再将总体战略规划分解成多个五年战略规划。其次，将量化管理的思维和工具导入企业运行，将五年战略规划细分为每一年的年度计划。当然，年度计划的落实依然需要量化管理思维和工具的介入，其目的是保障年度经营计划能够更好地展开，并使管理者有能力对计划执行的效果进行监控。

然而，当下面临的一个现状却是，很多企业没有制定五年战略规划的意识，多数企业只在每年年初的时候，根据管理者过去的经验随意制订一个年度经营计划，然后再将这个计划简单拆分成一个个具体的任务分发到基层执行者手中。

这个过程没有任何管理的科学性，管理者只是根据自己的感觉制订计划，没有数据依据，没有对远景的呼应。这样做会导致基层执行者在执行任务时往往不知道为什么要做这项任务，进而导致任务执行结果不尽如人意，这就是传统的粗放管理的弊端。

正确制订年度经营计划，应该按照科学的逻辑，从远景出发，以五年战略为中期实施蓝图，为什么要保证这一点呢？因为只有这样，才能让每一个参与者都清晰地了解到战略的整体轮廓，也才能更深刻地理解当前的任务对于企业整体战略的意义，进而保证每一个参与者都成为整体战略的一环，从而提高效率，减少内耗。

但是，如果按传统方法制订计划，就会出现这样的矛盾：企业中的一些人，特别是执行具体任务的员工，接到的工作往往是比较具体的，他们根本不了解企业的战略，也很难理解企业这么安排的原因，所以执行起来效率就会降低。为了让所有人，包括基层执行者都能了解企业战略，就需要科学搭建企业战略规划。

搭建企业战略规划需要用到一些战略管理工具，为了节约管理者的时间，这里只介绍一种容易掌握并非常有效的战略管理工具——OGSM模型。

OGSM模型是一种制定战略、落实战略的管理工具，它以其组成部分——objective（战略目的）、goal（阶段目标）、strategy（执行策略）、measurement（评估标准）的四个英文单词的首字母组成。OGSM模型广泛应用于世界500强企业，如宝洁、本田、可口可乐等行业巨头，帮助它们制定适合本企业的战略规划。该模型见表4.1。

表4.1 OGSM模型

OGSM模型	战略目的（objective）	阶段目标（goal）	执行策略（strategy）	评估标准（measurement）
描述内容	存在的状态	做什么	怎么做	达到的标准
描述形式	文字	数据	文字	数据

OGSM模型仅用一张图表，便将企业的战略规划清晰地表达了出来，简单明了，便于不同知识结构、文化水平的各层级的参与者了解。**该模型相关板块的填写要求如下：**

战略目的： 要清楚、具体地描述出企业理想的存在状态。

阶段目标： 要明确企业在某个阶段需要做的具体事情，最好以数据的形式进行表达。

执行策略： 要用文字具体描述为达到阶段目标，企业需要怎么做。

评估标准： 要用可量化的数据，对执行结果做出评判标准。

OGSM的核心逻辑是让企业将业务集中在远期的目的与目标及关键策略上，与管理学领域其他传统的战略规划工具相比，OGSM模型具有更加明确的总体目标和阶段目标，通过层层推进，可以有效地将战略意图渗透到所有参与战略制定及执行者的思维中，以此来保障战略的实现。

使用OGSM模型来制定企业战略，可以帮助企业解决以下三个问题：

（1）分析出清晰且可落地的战略目标。与仅依据管理者经验得出的经营目标不同，OGSM战略模型中的目标是有科学依据的，是由企业未来战略目的分解而来的，这保证了目标的科学性和严谨性。

（2）分析并量化出战略与企业现状之间的关系，从而得到实现战略的路径。与只是将目标简单分解而缺乏切实可行的方法与路径相比，OGSM战略模型能将目标层层分解，最后变成一个个切实可行的阶段性路径，从而解决了困扰企业的战略目标无法实现的问题。

（3）能合理分配和利用资源，真正实现战略指导战术，使得企业当下所做的每一件事都与战略息息相关。从战略目标到年度经营计划，从年度计划到经营策略，从经营策略到具体的工作任务，OGSM战略模型可以让每一位参与者都体会到战略的无处不在，让战略不再只停留在管理的最高层，从而激励所有的参与者为同一个"梦想"而奋斗。

美国前总统艾森·豪威尔曾说过："战略规划并不是要预言将来要发生什么事，也不是提前做好以后五年的决策。战略规划只是一种思考的工具，思考为了取得未来的结果现在应该做些什么。"OGSM战略模型，就是那个帮助企业达成战略目标的最好工具。

思考与行动

★ 说一说你所在企业在制定战略规划时使用的是何种方法？

★ 你认为使用OGSM模型来制定战略规划有哪些好处？

★ 试着用本节介绍的OGSM模型来为你所在的企业重新制定战略规划。

02

寻找更为可行的战略目的

战略目的（objective）不仅是企业未来发展的指示灯塔，还是各种资源配置和决策的基础。明确目标领域，避免常见的陷阱，并确保战略目的与企业的长期远景紧密相关，是制定战略目的时需要考虑的重要因素。

在战略规划中，确定更为可行的战略目的（objective）是至关重要的一步。在OGSM模型中，**战略目的"O"指的是企业在未来五年内希望达到的总体状态，通常由时间、地域、领域和达成状态四个方面组成**。

星巴克在其早期阶段就明确了其远景：成为全球最受欢迎和最有影响力的品牌之一，提供最优质的咖啡和绝佳的顾客体验。基于这一远景，星巴克又进一步明确了其战略目的。

在一个五年的战略规划周期内，星巴克设定了以下战略目的：

（1）在五年内，跻身北美和亚洲市场中咖啡和快餐行业的前三名。

（2）在这些市场内，提供无可匹敌的顾客体验和服务。

这些战略目的既具体又可行，与公司的远景和使命紧密相关。它们不仅明确了时间框架（五年）、地域（北美和亚洲）和领域（咖啡和快餐行业），还设定了明确的达成状态（前三名和优质的顾客体验）。

值得注意的是，星巴克没有将战略目的设定为"达到某一具体的销售额或利润"，而是聚焦于市场地位和顾客体验，这样更有助于企业资源的有效整合和战略执行。

通过星巴克的案例可以看到，一个明确和可行的战略目的不仅能够指导企业的日常运营，还能确保企业始终朝着其远景和使命前进。而想要制定切实可行的战略目的，就要从企业自身实际出发，以时间、地域、领域和达成状态这四个方面为着手点。这之中，领域与达成状态这两方面内容，一定要在战略目的中明确展现。

比如，企业需要明确五年后将在哪些领域经营。这不仅包括专业领域，还涉及行业和地域。例如，企业可能计划在五年后成为亚洲范围内某个行业的佼佼者。企业还需要明确在这些领域内达到的具体市场地位，可以是行业内的排名，比如目标成为本行业的前三名，或者是在某个特定地域内建立稳固的市场地位。

值得注意的是，战略目的必须是可行的。一些企业会设置过于宏大的目标，如"成为世界第一品牌"，这样的目标往往难以实现。因此，**战略目的应该是既有挑战性又是可达成的，要与企业的实际情况和资源相匹配。**

战略规划的一个重要意义，就是明确企业未来的成长之路，这直接决定了企业资源分配的导向，也明确了哪些事情企业可以做，哪些事情是不能做的。但是，当用数据来描述战略目的时，相当于直接给出了一个结果，并没有给出相应的过程，相反，还提供了无数条模糊的路径，后果就是其无法为企业的资源配置提供建议。

如果企业战略目的是"企业要达到100亿元销售额"，那该企业可以把钱投到股市、楼市、期货市场中，这导致该企业没法确定自己将在什么行业、什么领域中发展，随之而来的就是企业资源无法进行有效整合，也就无法围绕企业自身的远景发展调配资源。所以一定不能用数据来描述战略目的。

在制定战略目的时，应综合考虑企业的实际情况。比如，如果企业的五年计划是提升某产品的国际市场份额，那么应明确这款产品的主要竞品和主要市场，并据此设定一个既不激进也不保守的目标。

总体而言，**制定战略目的是一个需要细致考虑和多方权衡的过程**。它不仅需要与企业的长期远景和使命相符，还需要考虑到企业的实际能力和市场环境，以确保其可行性和有效性。

在制定战略目的后，按照战略规划的基本流程，企业需要从前文提到的13条基本规律中，选择适当的战略规律，来确认自身需要打造的能力。

在确定了自身需要打造的战略能力以后，企业便可以按照战略规划的基本流程，去制定阶段目标，并将这些需要打造的战略能力分配到各个相应的阶段之中。

思考与行动

★ 说一说你所在企业的战略目的是什么？

★ 你所在企业的战略目的所包含的内容是否与本节所述的四个方面相吻合？

★ 试着用本节介绍的具体方法来重新描述你所在企业的战略目的。

03

以阶段目标锚定企业战略能力

  阶段目标（goal）不仅需要与企业的总体战略目的（objective）保持一致，还必须是明确和可量化的。然而，制定阶段目标并非一件简单的事，它需要企业根据自身的发展阶段和特点进行精心规划。

在战略规划中，阶段目标（goal）起到了承上启下的作用。它们是从企业的整体战略目的（objective）中分解出来的，具有明确性、可量化性与可实现性。**实现这些短期目标有助于企业实现其最终战略目的。**

在 OGSM 模型中，阶段目标"G"是指企业为实现总体目标所规划的阶段目标及道路轨迹。在既定的时间里，如果企业实现了所有的阶段目标（goal），那么五年战略目的（objective）自然而然也就实现了。因此，如果画一个坐标轴，那么短期目标就像是一个个点，将它们连起来，战略目的也就清晰明朗了。如图 4.1 所示。

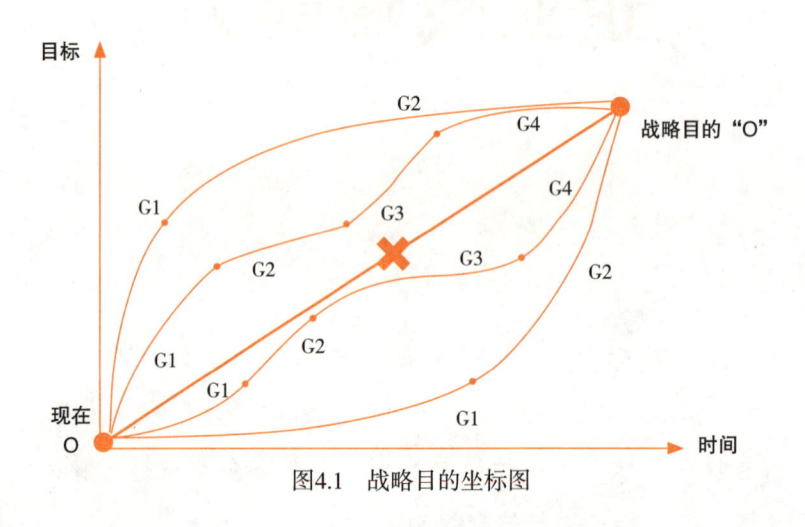

图4.1 战略目的坐标图

然而，很多企业在制定阶段目标时，只是简单地将整体目标按照时间周期平均分解到每个阶段，比如某企业第一年达成的市场份额是 10%，其目标是五年后达成市场份额的 50%，那么只要将每年的市场份额增长都定在增长 10% 即可。

这是一种错误的做法，因为企业不是按照匀速直线运动的形式向前发展的，也不可能按照一个固有的速度做匀速直线运动。企业发展是变速运动，加速度也不是固定的，甚至有时可能是零或者负值。

这种按照匀速的方法规划企业的阶段性目标是不现实的，**正确的规划方法应该根据科学平衡发展规律，建立生长收藏交替的发展模式，并按照生长期和收藏期交替进行的过程去设定不同的增长速度。**

一般情况下，当企业的销售额增长速度大于 50% 时，该企业就处于"生长期"，此时目标的增长速度便可定得高一些；当企业的销售额增长速度小于 20% 时，该企业就处在"收藏期"，此时目标的增长速度就要定得低一些。企业要根据自身所处时期是"生长期"还是"收藏期"，去制定不同时期的阶段目标。

Netflix（奈飞）原本是一家 DVD 邮寄租赁服务公司，但它的长期战略目标是成为全球领先的在线娱乐平台。这一战略目标并不可能一蹴而就，而是需要通过多个精心规划的阶段目标逐步实现。

生长期：2007 年，Netflix 正处于发展的快车道，在这一年，Netflix 推出了在线流媒体服务，并将阶段目标定为达成至少 100 万的在线订阅用户。

收藏期：到了 2010 年，为了应对激烈的市场竞争，Netflix 开始放慢扩张脚步，在内容上进行投资，包括购买更多电影和电视剧的版权。在这一阶段，Netflix 的阶段目标是维持用户增长量并提高用户留存率。

生长期：自 2016 年开始，Netflix 开始全球扩张，计划进入 130 多个国家和地区。Netflix 在这一阶段的目标是进一步提升品牌知名度和吸引更多订阅用户，稳固现有市场的同时，逐步在新市场建立影响力。

通过这个真实的商业案例，可以清晰地看到 Netflix 是如何在不同的发展阶段设定不同的阶段目标，并成功地从一个 DVD 邮寄服务公司转型为全球领先的流媒体服务提供商的。在具体的商业实践中，企业可以参照表 4.2，从自身实际出发，制定具体的阶段目标。

表4.2　企业具体的阶段目标

周　　期	重　　点	表　　现	建议销售增长设置
生长期	业务扩张、销售增长	销售收入上升	高于50%
收藏期	组织内部调整、资源准备	利润率上升	低于或等于20%

通过科学规划阶段目标，企业能更有效地分配资源，适应不同的市场环境和发展阶段，从而确保最终实现其长期战略目标。Netflix的案例进一步证明，合理和精心规划的阶段目标是企业成功的关键因素之一。因此，企业在制定战略规划时，应充分重视阶段目标的设定，以确保自身持续、稳健发展。

思考与行动

★ 说一说你所在企业是否为实现战略目的设定了不同阶段的目标？

★ 说一说你所在的企业当前正处于生长期还是收藏期？

★ 试着用本节介绍的具体方法来为你所在的企业重新规划阶段目标。

04

以执行策略分解
企业战略能力

在制定阶段目标的过程中，将需要打造的能力落实到各个阶段目标中是战略规划的重要工作。接下来企业还需要将这些需要打造的能力进一步分解为具体、可操作的执行策略。

在战略规划中，制定执行策略（strategy）是一个至关重要的环节。在OGSM模型中，**执行策略"S"代表企业为了打造战略能力所制定的策略**。这些策略不仅需要具备可执行性，还需要针对企业所处的不同发展阶段进行定制。

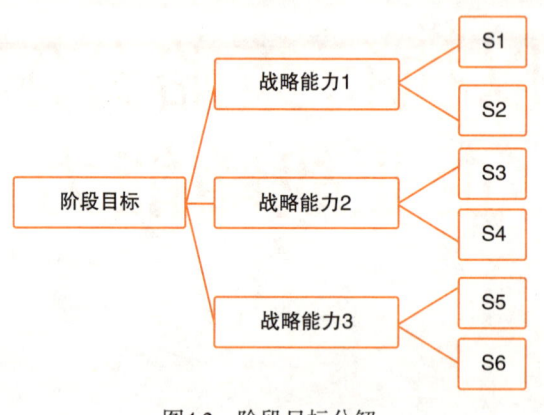

```
                          ┌─── S1
              ┌─ 战略能力1 ─┤
              │           └─── S2
              │
              │           ┌─── S3
   阶段目标 ───┼─ 战略能力2 ─┤
              │           └─── S4
              │
              │           ┌─── S5
              └─ 战略能力3 ─┤
                          └─── S6
```

图4.2 阶段目标分解

从图4.2可以看出，想要制定出具体可操作的执行策略，企业需要先确定好具体的战略能力，而后再遵循一定的"能力打造公式"来细化出具体的执行策略。

能力 = 组织建设 + 理论掌握 + 流程与标准化 + 实践验证

从这一"能力打造公式"可以看出，想要顺利打造出企业需要的能力，需要经历组织建设、理论掌握、流程与标准化和实践验证这四个步骤。

一、组织建设

在这一步骤中，企业需要成立一个专门的组织或团队来负责某一特定能力的打造。这通常涉及人员选拔、角色定义和资源分配等工作。

首先，企业要选择具有相关经验或潜力的员工组成专门的团队；其次，企业要明确团队成员的各自职责和角色，确保团队成员的多样性和互补性；最后，企业还要为团队提供必要的资源，包括财务预算、工具和时间，以助力团队完成后续具体工作。

二、理论掌握

当组织成立后，团队成员需要学习和掌握与该能力相关的专业理论。比如，企业可以组织相关专业培训，邀请行业专家召开讲座或研讨会。团队成员还可以通过阅读和分析与该能力相关的学术和行业文献，或是研究成功或失败的相关案例，以获取实用的专业知识。

三、流程与标准化

在掌握专业理论后，组织团队还要将这些理论转化为具体可操作的工作方法，建立详细的工作流程和标准。在这一步骤中，团队成员可以使用各种可视化工具，如流程图或甘特图，更为清晰地呈现整个工作流程；还可以通过编写详细的操作手册和标准操作程序，来让工作流程更为明确。

四、实践验证

在拥有详细的工作流程和标准后，组织团队成员需要在实际工作环境中应用这些流程和标准，若能在实际工作中取得一次或多次成功，便可证明企业已经掌握了这一能力。为了更好地完成这一步骤的工作，团队可以选择一个或几个小规模的项目进行试验，并在实践过程中收集数据，以便进行效果评估，最后根据实践结果调整流程和标准，形成持续改进的反馈循环，更快更好地打造企业所需能力。

下面以"产品管理能力"的打造为例，来具体说明该"能力打造公式"的应用：

（1）企业需要成立一个专门负责产品管理的小组；

（2）产品小组成员需要接受专业的产品管理培训，学习相关的理论和方法；

（3）在其掌握了专业理论知识后，产品小组需要在企业内部建立一套产品开发和管理的流程与标准；

（4）在流程和标准建立后，产品小组需要成功地推出一两个新产品，以证明其产品管理能力已经形成。

其实在上述四个步骤之外，企业想要打造某些能力，还需要经历特殊的阶段，可以将其称为"客观条件"。顾名思义，这一阶段主要是创造为打造某些能力所要具备的客观条件，或者说是硬件条件。以"打造品牌管理能力"为例，其需要具备的客观条件便是"注册品牌"，这是打造品牌管理能力过程中的一个重要策略，如果没有及时去注册品牌，那品牌管理自然也无从谈起。

在深入探讨了如何以执行策略分解企业战略能力后，可以明确地看到，这不仅是一个理论性的过程，更是一个高度实用和操作性强的过程。从组织建设到理论掌握，再到流程与标准化，最后到实践验证，每一个环节都是为了确保企业能够有效地实现其战略目标。

这个过程强调了执行策略的重要性，并提供了一个全面而具体的框架，以帮助企业更好地理解和应用 OGSM 模型中的"S"元素。通过遵循"能力打造公式"，企业不仅能够更系统地打造出所需的战略能力，还能确保这些能力与其长期战略目标紧密相关。

需要注意的是，战略规划中的策略讲的是为了打造某种能力需要做什么事，而不是怎么做事。因此，**在对具体策略进行描述时，要以"把 ×× 事情做到 ×× 程度"为模板，采用"完成……""建立……"这样的格式**。

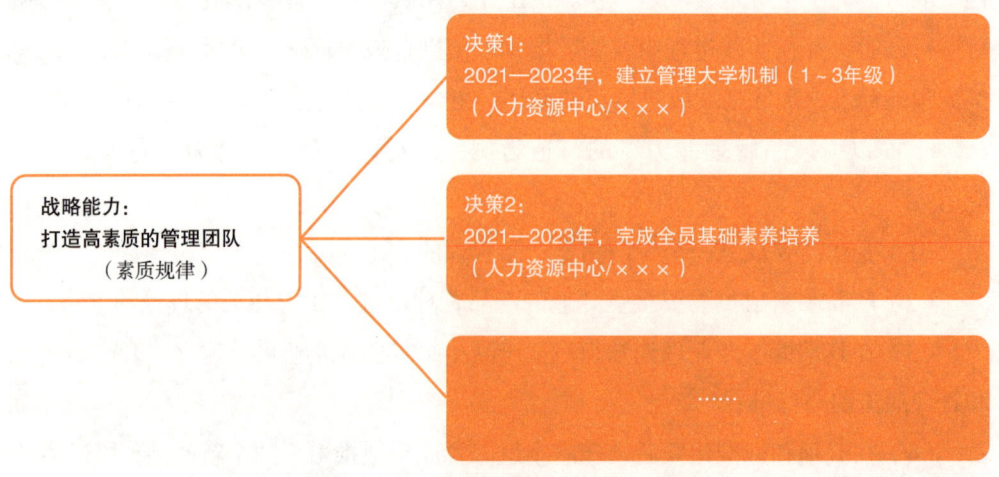

战略能力：
打造高素质的管理团队
（素质规律）

决策1：
2021—2023年，建立管理大学机制（1～3年级）
（人力资源中心/×××）

决策2：
2021—2023年，完成全员基础素养培养
（人力资源中心/×××）

……

图4.3 以执行策略分解企业战略能力示例

图 4.3 便是以执行策略分解企业战略能力的一个经典示例，可以看出那些由战略能力引申出来的策略都是具体且可执行的，具有极强的可操作性。只有制定出这样的执行策略，企业才能确保其战略规划不是停留在纸面上，而是能够真正地落到实处，从而实现企业的可持续的成功。

思考与行动

★你所在企业是否有专门打造过某些战略能力？如果有，试着介绍一下这些战略能力的打造过程。

★选择一项你认为所在企业需要打造的战略能力，并以"能力打造公式"来细化具体的执行策略。

★试着用本节介绍的具体方法来为你所在的企业需要打造的战略能力设定好具体的执行策略。

05

阶段化评估标准的制定

在战略规划中,仅仅制定明确和可实现的阶段目标是不够的。为了确保这些目标不是纸上谈兵,而是能够真正地转化为实际行动和可观的成果,企业还需要建立一套全面而精确的评估标准。这些标准不仅需要能够量化目标的实现程度,还需要能够反映企业在不同阶段的综合表现。

在 OGSM 模型中，**评估标准（measurement）是每个阶段目标的衡量标准**。这些评估标准不仅需要与企业的总体战略和阶段目标紧密相关，还必须是根据企业所处的具体行业和实际运营状况来量身定制的。

在制定评估标准（measurement）这个环节中，企业不仅要确立衡量成功的标准，还需要设定一个定期的检查和调整机制。这样做是为了确保企业能够在执行战略的过程中，及时发现问题、调整方向，最终确保战略目标的成功实现。

接下来，本节将详细探讨评估标准"M"的四个核心维度——**销售收入、利润率、人均利润和品牌资产**，并阐述如何根据这些维度来制定具体、可操作的评估标准。同时，还将介绍如何根据企业的总体战略规划和具体情况，逐步建立和完善这一套评估体系。

一、销售收入

销售收入指的是一个财年内主营业务的到账金额，其不仅反映了企业在财年内主营业务的实际收入，更是衡量企业市场影响力的重要依据。具体来说，根据市场占有率的不同达成水平，企业的市场影响力可以被细分为四个等级：

及格：当企业在整体市场上达到至少 1% 的市场占有率时，它的市场影响力便达到了"及格"程度。这意味着企业已经在市场上建立了一定的存在感，但仍有很大提升空间。

良好：如果企业的市场占有率达到了 3%，则其市场影响力便是"良好"的。在这一阶段，企业不仅有稳定的客户基础，而且可能已经开始吸引更多的潜在客户了。

优秀：当企业的市场占有率达到 10% 时，它的市场影响力便达到了"优秀"程度。这意味着企业已经成为行业内的佼佼者，具有较高的品牌认知度和客户忠诚度。

卓越：如果企业的市场占有率超过了 10%，达到 50% 甚至更多，那么其市场影响力便是"卓越"的。在这一级别，企业通常是行业的领导者，具有一定程度的市场垄断能力。

表 4.3 为销售收入指标评估标准。

表4.3 销售收入指标评估标准

市场占有率	1%	3%	10%	10%以上
评级	及格	良好	优秀	卓越

企业需要根据自身实际情况，准确地判断出自己在市场中的定位，从而为制定更为可靠的评估标准做好准备。

二、利润率

利润率这一指标是税后净利润与销售收入的比值，能有效地揭示企业在产生收入的同时，能够保留多少作为实际盈利。它不仅是衡量企业经营效率的重要指标，还能深刻反映企业的财务健康状况。根据不同的利润率水平，企业的财务健康状况也可以被分为四个等级：

及格：当企业的利润率达到 5% 时，表明企业的财务状况是基本稳健，或者说是"及格"的。在这一阶段，企业能够覆盖其运营成本，并有一定的盈余。

良好：如果企业的利润率能够达到 8%，则其财务健康状况达到了"良好"程度。这表明企业不仅能覆盖所有成本，还能产生额外的利润，这些利润可以用于扩产或者其他投资。

优秀：当企业的利润率达到 10% 时，其财务健康状况可被视为"优秀"。这意味着企业具有很强的盈利能力和资本运作效率，是行业内的佼佼者。

卓越：如果企业的利润率超过 10%，那么其财务健康状况则被认为是"卓越"的。在这一级别，企业通常具有出色的经营管理水平和较高的市场竞争力，可能已经建立了持久的竞争优势。不过，持续高利润率可能也意味着企业在科技创新或其他方面的投入不足，因此，企业应综合考虑多种因素，以维持一个健康和可持续的利润率。

表 4.4 为利润指标评估标准。

表4.4　利润率指标评估标准

利润率	5%	8%	10%	10%以上
评级	及格	良好	优秀	卓越

通过这四个等级的标准评估，企业可以更全面地了解自己的财务状况处于何种水平，以便制定出更为准确的评估标准。

三、人均利润

人均利润作为一个关键的企业评估指标，不仅揭示了企业的管理效率，还是衡量企业可持续发展能力的重要标准。这个指标是通过将税后净利润与在职正式员工总数进行比值计算得出的，能有效反映出企业在人力资源方面的投入产出比以及每位员工对企业整体盈利的贡献程度。根据人均利润的不同水平，企业的管理效率和可持续发展能力可以被分为四个等级：

及格：当企业的人均利润达到每人每年 5 万元时，企业的人均利润水平便达到了"及格"标准。表明企业具有基本的管理效率和稳健的运营模式。在这一阶段，企业能够维持正常运营，并有一定的盈余。

良好：如果企业的人均利润能够达到每人每年 10 万元，这通常表示企业的人均利润水平达到了"良好"标准，这样的企业具有较高的管理效率和较强的盈利能力，通常在行业内具备一定的竞争优势。

优秀：当企业的人均利润达到每人每年 20 万元时，这标志着企业的人均利润水平达到了"优秀"标准，表明企业不仅在管理效率上表现出色，而且在可持续发展方面具有显著优势。这些企业通常是行业的佼佼者，具有很高的市场认可度。

卓越：企业拥有超过每人每年 20 万元的人均利润被认为是"卓越"的表现。这样的企业通常具有卓越的组织结构、高效的管理团队和创新的业务模式，是行业内的领军企业。

表 4.5 为人均利润指标评估标准。

表4.5　人均利润指标评估标准

人均利润（元）	每人每年5万元	每人每年10万元	每人每年20万元	每人每年20万元以上
评级	及格	良好	优秀	卓越

通过这四个等级的标准评估，企业可以更准确地评估自己在管理效率和可持续发展方面的表现，从而更有针对性地制定后一阶段的评估标准。

四、品牌资产

品牌资产是通过计算过去三年中的平均销售额与品牌溢价率及行业平均市盈率的乘积而得出的，这个指标不仅可以衡量企业品牌的知名度和美誉度，还考虑到企业的盈利能力和市场接受度。根据品牌资产的年增长率，企业的总体价值表现可以分为三个等级：

及格：当企业品牌资产的年增长率达到10%时，这通常意味着企业在市场中具有稳定的地位和一定的竞争力，这样的企业通常能够持续盈利和稳健发展。

良好：如果品牌资产的年增长率能达到15%时，这通常表示企业不仅具有较高的市场认可度，而且在品牌建设和产品质量方面也有出色的表现。这些企业通常是行业的佼佼者，具有较高的客户忠诚度。

优秀：当品牌资产的年增长率达到或超过20%时，这标志着企业在市场中具有显著的领先优势和高度的品牌影响力。这样的企业通常具有创新的产品或服务，以及出色的市场推广能力。

表4.6为品牌资产指标评估标准。

表4.6　品牌资产指标评估标准

品牌资产年增长率	10%	15%	达到或超过20%
评级	及格	良好	优秀

通过这三个等级的标准评估，企业可以更有针对性地进行品牌策略规划和资源分配，以实现长期的可持续发展，并为后续制定评估标准提供参考。

在明确评估标准"M"的四个维度后，企业需要根据自身情况来制定具体的评估标准。一般来说，这一工作需要经历两个关键步骤：

1. 当前状态分析

作为评估标准制定的第一步，企业需要对其自身当前的四个核心指标（销售收入、利润率、人均利润和品牌资产）进行详细的量化分析。这不仅包括收集最近一年或更长时间范围内的财务数据，还涉及与行业标准、竞争对手和自身历史表现的对比等。

此外，企业还应考虑市场趋势、季节性因素和其他可能影响这些指标的外部因素。通过全面而深入的分析，企业能够更准确地了解其在各个方面的表现，并确定自身所处水平，从而为后续的评估标准制定提供坚实的数据基础。

2. 阶段性预测

在确立了当前状态后，企业需要进一步根据其五年战略规划中的生长期和收藏期轮动来预测这四个核心指标的未来变化。这一步骤要求企业不仅要考虑历史数据和现有资源，还需要对市场趋势、技术发展和潜在的竞争环境进行预测。

想要做好这项工作，企业应设定不同的增长模型和情景分析，以考虑不同的市场条件和风险因素。这样，企业就能为每个阶段制定更为精准和可行的目标，同时也能及时调整战略以应对可能出现的挑战和机会。

通过这两个步骤，企业不仅能够更准确地了解自己的当前状况，还能更有效地规划未来的发展路径。这样做有助于企业在实施战略规划的过程中，更加明确、更加有针对性地进行操作，从而实现其总体战略目标。

思考与行动

★试着从本节提到的四个方面的数据来评估当前你所在企业的具体情况。

★试着用本节介绍的具体方法对你所在企业进行阶段性预测，以制定出具体的阶段化评估标准。

06

战略规划制定指导示例

在明确战略规划制定的基本流程后,企业便要依照完整的流程,结合自身实际情况,做好战略规划全流程的实操工作。

在当今竞争激烈的商业环境中，战略规划不仅是企业成功的基石，也是企业持续发展的关键。一个精心制定和精确执行的战略规划能够帮助企业明确方向，优化资源分配，以应对不断变化的市场环境。本小节将以华创科技为例依据 OGSM 模型，详细介绍战略规划制定的全流程实操，为企业制定战略规划提供一个全面而实用的指导示例。

第一步：制定企业远景、使命、价值观

根据战略规划制定的流程，华创科技在第一步便制定了自己的远景、使命和价值观，见表 4.7。

表4.7 华创科技的企业远景、使命和价值观

企业远景		在2035年，成为全国领先的工业互联网全站解决服务商（领先：销售规模排名前十）
使命	对客户	通过提供一体化、高质量、响应快、有保障的互联网综合解决服务，帮助客户成为其所处行业的领先者
	对股东	通过专业的营销策划、科学的组织管理与积极的资源整合，为股东带来稳定的、高于同行业平均水平的投资回报
	对员工	通过提供持续的培训与实操、合理的职业发展与晋升机制、公平且有竞争力的薪酬绩效体系的职业平台，帮助员工提升能力，成就自我价值
	对合作伙伴	通过诚信的合作理念、清晰的角色定位、严谨的法律程序，帮助合作伙伴获得双赢的商业发展机会
	对社会	通过合法经营，回馈社会，推动工业互联网产业的发展
价值观		专业、创新、进取、共赢

第二步：确定战略目的

战略目的是根据企业远景分解来的，华创科技的远景是"在2035年，成为全国领先的工业互联网全站解决服务商"，想要成为全国领先服务商，首先要成为一个地区的领先服务商，达到后再不断扩大范围，最后成为全国的领先服务商。所以

华创科技将本阶段的战略目的定为：到 2027 年，成为××地区领先的工业互联网全站解决服务商。这个目的是科学合理的，并且通过努力是能实现的。

第三步：选择战略规律，确认需要打造的能力

华创科技根据本阶段的目标与需求，选择了需要实践的战略规律及需要打造的能力，见表 4.8。

表4.8　华创科技的战略规律及需要打造的能力

本阶段需要实践的战略规律	需要打造的能力
文化规律	1.打造保持专业化文化的能力
素质规律	2.打造高素质的管理团队 3.建立全员专业持续提升的机制
工业化规律	4.打造模块间专业协作的能力
品牌化规律	5.打造建立和发展品牌的能力
核心竞争力规律	6.打造建设高质量的系统数据库和工业互联网的能力
资源整合规律	7.打造以客户需求为导向的技术整合能力

而后根据第二章中 13 条规律结合企业的远景、使命、价值观，华创科技确定了自身发展之道，见表 4.9。

表4.9　华创科技的发展之道

13条规律	华创科技发展之道
利他规律	让客户满意、与员工共享、为股东增值
科学平衡发展规律	能力与产品平衡、春生夏长秋收冬藏
劳动价值规律	辅助各企业搭建工业互联网
核心竞争力规律	打造建设高质量、有保障的大数据、人工智能、安全物联网及工业互联网的能力
资源整合规律	整合上、中、下游产业链，实现一站式服务
品牌规律	品牌定位、品牌规划、品牌手册、品牌机构；品牌：商业、公益
全程体验规律	国家级人工智能大数据空间参观服务
需求规律	打造大数据、人工智能、安全物联网及工业互联网一体化服务
工业化规律	打造面向客户需求的多专业多系统多模块协同机制
科学管理规律	打造企业量化管理模式
规则规律	ISO管理体系建设（重点在互联网解决服务指导手册、流程建设）
素质规律	打造高素质管理团队、打造全员专业持续提升机制

续上表

13条规律	华创科技发展之道
统一文化规律	打造与保持专业化文化的能力（价值观：专业、创新、进取、共赢）

第四步：制定阶段目标，分布战略能力至各阶段

华创科技在制定五年战略规划（2023年1月2日—2027年12月31日）时将这五年分为三个阶段，把2023年1月2日—2024年12月31日定为收藏期，剩下的三年有两年是增长期，一年又是收藏期。华创科技第一阶段的目标如下：

第一阶段：收藏期（2023年1月2日—2024年12月31日）

（1）本阶段收入平均增速20%；

（2）本阶段要完成以下能力的打造：

①打造保持专业化文化的能力（统一文化规律）；

②打造高素质的管理团队（素质规律）；

③建立全员专业持续提升的机制（素质规律）；

④打造建设高质量的系统数据库和工业互联网的能力（核心竞争力规律）；

⑤打造建立和发展品牌的能力（品牌规律）；

第五步：制定执行策略，分解战略能力

阶段目标制定好后，企业要根据想要实现的阶段目标制定相应的执行策略。通常一个能力打造会生成4~5条的执行策略。华创科技确定的执行策略见表4.10。

表4.10 华创科技的执行策略

【打造保持专业化文化的能力（统一文化规律）】 （1）2023年，完成W&DP模式建立（人力资源中心/李××）
【打造高素质的管理团队（素质规律）】 （2）2023—2024年，建立管理大学机制（1~3年级）（人力资源中心/陈××）
【建立全员专业持续提升的机制（素质规律）】 （3）2023—2024年，建立与211高校的计算机人才培养合作机制，完成高层次专业技术储备人才的培养（≥30人），完成≥3名博士等高学历人才引进（系统研发中心/王××）
【打造保持专业化文化的能力（统一文化规律）】 （4）2024年，建立员工建议采纳与表彰机制（人力资源中心/陈××） （5）2024年，建立总经理嘉奖机制（总经办/朱××）

第六步：制定五年评估标准

在确定执行策略后，华创科技又从营业收入、利润率、人均利润和品牌资产这四个方面制定了相应的评估标准，见表4.11。

表4.11　华创科技评估标准

年份	2023年
营业收入	≥4.8亿元
净利润	≥5 760万元
人均利润	≥13.71万元（420人）
品牌资产	≥21.02亿元

通过本小节的详细解析，企业应该能更全面地理解战略规划制定的全流程工作了，从而可以更加精准地定位自身的优势和不足，更有效地分配资源，并更灵活地应对市场变化。记住，优秀的战略规划不仅需要明确的目标和精心的设计，还需要持续的执行和推进。因此，企业不仅要制定一个优秀的战略规划，还要做好后续的战略规划的落地工作。

> **思考与行动**
>
> ★参考华创科技案例，根据你所在企业的远景、使命、价值观制定企业的战略目的"O"；根据13条规律和战略目的确定你所在企业需要打造的能力，并制定出评估结果"M"。
>
> ★根据企业发展具体情况，将五年分成生长期、收藏期不同阶段，制定不同阶段的目标"G"，并确定各个阶段需要打造的能力。
>
> ★根据需要实现的阶段目标，制定不同的执行策略，将这些执行策略变成战略型项目落实下去，并用评估标准进行结果评估，落实过程中要根据企业实际情况及市场环境随时优化。

第五章

保障机制的建立与战略落地

01

战略保障机制的建立

战略管理委员会是战略管理的主体,对战略的落地执行负有主要责任。在开展战略型项目执行工作前,企业需要精心挑选骨干成员,组成战略管理委员会,这是建立战略保障机制的关键前提。

战略不是虚无缥缈的东西，而是决定企业能否持续发展和盈利的最重要的决策参考，企业制定战略不是装模作样，而是要让其指导企业将战略目标一步步变成现实。如果战略目标仅停留在"书面"，无法落实下去，那制定出来又有什么意义？为了将制定的战略一一落实，企业需要建立相应的战略实施保障机制，对战略进行科学管理，只有这样才能确保战略的顺利落实。

所谓战略保障，就是指在战略落地执行的过程中，对部门内部、部门与部门之间的动态交互进行有效的管理与支持，从而保证既定战略目标逐步实现。想要实现这一点，就需要有一个管理主体，在能力战略建立过程中，这个主体就是战略管理委员会。

战略管理委员会是战略实施全程的责任主体，其工作贯穿项目实施的各个阶段：

计划：其主要负责战略型项目的制定、分解，以及《战略管理规定》和配套流程的撰写；

启动：其主要负责战略型项目的宣导、培训；

执行：其主要负责战略型项目的监控、评估、反馈和修正；

收尾：其主要负责战略型项目的总结复盘。

在企业中，战略管理委员会并不是一个全职的组织，委员会中的每个成员都有自己的日常工作职责。战略管理委员会的成员并不是任意员工都可以胜任的，而是从全公司精心挑选出来的具备战略性思维的精英，其成员组成涵盖企业内部各类型员工：既有董事长、总经理，也有部门负责人、专家顾问、工人代表，有时甚至还有企业外部人员。具体见表5.1。

表5.1 战略委员会

成员结构	董事长、股东、总经理、部门负责人、独立董事、专家顾问、工人代表、（董事长/总经理）助理/秘书
决策方式	以讨论的形式为主，最终由董事长进行决策

可以看出，战略管理委员会的结构有点熟悉。每当国家制定和修订法律法规时，都需要召开人大会进行讨论，只有决议通过才能最终确定法律。战略管理委员会的职责与此类似。

可能有人不解，为什么不让企业总经理或董事长直接作为战略的决策者，而要建立一个战略管理委员会呢？这主要是考虑到战略在实际操作过程中容易出现片面化的情况。如果只让某个人对战略进行思考、决策，就可能作出不完善不全面的决策。战略管理委员会的决策方式以讨论为主，最终由总经理或董事长进行决策，这样就能在很大程度上避免决策上的失误。

为了保证企业战略的正确性，战略管理委员会的成员一定要具有战略思维，要知道什么是战略，了解战略管理的基本理论，并且要对能力战略打造的规律有比较深刻认识。

战略管委会成员的职责就是"掌道"和"行道"，其成员既要知道打造能力战略的规律都有什么，还要将这些规律运用到日常工作中，用来指导其他人的工作，尤其要对企业能力战略打造工作进行指导，以保证企业顺利打造出自身所需的能力。

在实际管理中，战略管理委员会成员的数量建议控制在3人或5人（之所以是3或5人，不是4人，是为了方便有争议的时候投票决策），过多或过少都不好。笔者在做咨询的时候，看到有些企业战略管理委员会的成员有10多人，结果作决策的时候，大家争来争去，意见很难统一；相比而言，人数相对少一些的企业往往更容易得出正确的判断，更容易形成统一的结论，能力战略打造工作也会推进得更加顺畅。

此外，战略管理委员会通常还会设置一个秘书机构（可以由董事长/总经理的秘书/助理来担任负责人）来专门负责战略的日常管理。该机构是战略日常管理阶段的执行主体，主要负责组织实施与战略相关的各类型会议，并依据《战略管理规定》及配套流程对战略落地过程进行监控。

至于战略管理委员会里的成员是否要做专业上的区分，比如有的擅于营销，有的专于管理，有的精通财务，有的擅长人力资源等，理论上说，如果企业能找到这些专才当然很好，但如果找不到的话也没太大问题，因为战略管理最重要的一点是要对打造能力战略的规律有较深刻的认识。实际上，不少企业的战略实践过程中发现很多组织正确的战略判断和选择，并不是取决于成员的专业水平高低，而是取决于成员对打造能力战略规律的正确理解和运用。

当战略管理委员会成立后，打造能力战略的保障机制也就建立了起来，后续的战略规划落地工作也就能够顺利展开与推进了。

思考与行动

★说一说什么情况下企业需要建立战略管理委员会？

★想想你所在的企业，哪些人适合成为战略管理委员的成员？原因是什么？

★你认为战略管理委员会的主要职责有哪些？

02

战略规划的落地

战略规划的价值不仅体现在其高瞻远瞩的战略目标和精心制订的执行计划,更关键的是这些内容能否顺利落地作用于企业的日常经营管理和业绩改善方面。只有让战略能从高层的规划走向一线的落地,企业才能真正实现其长远目标。

战略落地是战略规划过程中至关重要的一环,它是将战略目标和计划转化为实际操作和具体成果的过程。如果战略规划是蓝图,那么战略落地就是根据这一蓝图进行建设的过程。这一过程通常涉及多个部门和层级的多个层面和多种类型的项目,需要精细计划、协调和执行。

从概念上来讲,**战略落地是指通过战略分解,将战略在指定时间和范围内转化为企业具体工作的行为,是战略目标从纸上文案到现实世界的转变**。简单来说,这是一个从系统到计划,计划到项目的过程。企业需要在做好战略规划的同时,以年度经营计划和项目管理方法一步步推进战略落地。在具体操作中,这主要涉及战略、计划和项目这三个核心层面的工作安排,见表5.2。

表5.2 从系统到项目

分 类	系 统	计 划	项 目
从几何角度理解	正方体	面	线
从维度角度理解	三维	二维	一维
图解			——
注释	它的形成依赖于各个二维的平面,也就是系统形成依赖于各个计划	它的形成依赖于四条边,也就是计划的形成依赖于各个项目	线与线之间相互独立,具有相对的独立性,也就是项目与项目之间基本上独立

一、战略层面

在战略落地的全过程中,战略层面的工作主要由企业的战略管理委员会和秘书机构负责。在这一层面中，最重要的工作就是确保企业的战略方向与其长期目标和核心竞争力相匹配。除了方向的确定，战略管理委员会还需要进行全面的风险评估，并根据实际情况对某阶段战略目标或资源的分配进行适时的调整和优化。

这一层面的工作不仅为企业提供了明确和可行的战略方向，而且为下一层面——计划层面提供了基础和指导，是确保整个战略落地过程能够有序、高效地进行的关键。

二、计划层面

在战略层面确定了企业的整体方向之后，接下来就要将这些高层次的战略目标转化为更具体、更可操作的计划，这就是计划层面的主要任务。通过制订年度经营计划，战略落地便可从战略层面推进到计划层面。

这一层面的工作主要由总经理和各部门负责人主导。总经理在这一层面起到桥梁的作用，负责将战略管理委员会的决策传达给各个部门，并确保这些决策能够得到有效的执行。各部门负责人需要根据总经理传达的战略方向制订具体的部门计划。

在这一阶段，各部门需要将高层次的战略目标细化为更具体的操作目标。例如，如果战略目标是提高市场份额，那么营销部就需要制订具体的推广计划，生产部则需要准备相应的生产能力。为了确保计划的有效执行，还需要设置一系列关键绩效指标（KPI）。这些指标应与战略目标紧密相关，以便进行后续的结果评估。

在计划制订完成后，所有的部门计划都需要经过总经理的审批，确保它们与整体战略目标一致。审批通过后，这些计划将被作为各部门后续工作的依据。

计划层面的工作为战略落地提供了具体的操作路径，同时也为最后一个层面——项目层面，建立了明确的执行框架。这样，整个战略落地过程就能在一个清晰、有组织的体系中逐步推进。

三、项目层面

在战略层面和计划层面的基础上，项目层面是战略落地的最后一环，也是最为关键的执行阶段。通过项目管理完成立项工作，战略落地便可从计划层面推进至项目层面。在这一层面中，管理的主体通常是项目经理。

项目经理负责每个项目的日常管理，他们需要确保项目按照既定的计划和预算进行，以最终实现战略目标。在项目启动后，项目经理和团队成员需要密切合作，确保项目的各个环节能够顺利进行。在项目完成后，项目经理还需要对项目进行全面评估、总结、归档，以便未来对项目进行改进，也可以积累并传承成功经验。

项目层面的工作不仅确保战略目标能够被具体执行，而且也为企业提供了一个机会，通过项目的成功或失败，来调整和反思其战略方向和计划制订。这样，战略落地就能在一个完整、连贯的体系中得以实现。

可以看出，这三个层面的工作并不是孤立的，而是相互依赖和彼此衔接的。在计划层面与执行层面中，立项是一项至关重要的工作，其将计划层面中的不同工作划分为具体的项目，为不同类型的项目提供了实践基础。

在战略落地过程中，根据项目的性质和目标，项目通常被分为战略型、改善型和常规型三类，具体见表5.3。

战略型项目直接来源于战略策略，旨在实现企业的未来阶段性战略目标，它们是未来企业发展的基石，通常需要长期规划和大量资源投入。

改善型项目通常源自营销策略和内部需求，目的是改善企业当前的某种现状或问题，它们通常更短期，更注重快速产生效果。

常规型项目源自企业日常工作的分类打包，目的是维持企业正常运营，确保企业基础业务流程的稳定和效率。

表5.3　项目分类

项目类型	项目来源		特　　点	项目周期
战略型项目	年度战略策略		未雨绸缪、从无到有	12个月内
改善型项目	外部服务合同		从有到优、立竿见影	按合同工期
	外部需求	外部（目标客户）调研		3~6个月
	内部需求	前端部门向后端部门提出		
常规型项目	工作分类打包（非逐一对应）		稳中求优、精益化管理	6~12个月

战略落地是战略规划成功实施的关键环节，通过明确不同的落地层面和项目类

型，企业不仅可以更有效地将战略目标转化为实际行动，还可以确保各个层级和部门在实施过程中的角色和责任。这样，企业就能在不断变化的市场环境中更加灵活和高效地实现其战略目标。

思考与行动

★ 回首过往一年，你所在企业制定的战略是否顺利落地？在战略落地过程中都出现过哪些问题？

★ 请说一说你所在企业的战略规划是否被分解到了项目层面？

★ 请根据本节所介绍内容，将你所在企业的各项工作划分到三种不同类型的项目之中。

03

战略型项目的立项思路

战略型项目立项不仅是战略目标实现的具体行动路径，更是战略落地的关键一环。这一过程涉及多个关键步骤，从项目来源、具体内容到背景分析，每一个环节都有其独特的重要性和复杂性。

为了确保战略真正落地并最终实现战略目标，企业需要在年度经营计划中将战略策略分解成若干个具体、可行的战略型项目，这个过程被称为战略型项目的立项，其在战略落地中起到了至关重要的作用。通过这一过程，企业不仅能够为战略目标实现提供具体的行动路径，还能将战略转化为可执行、可衡量的任务和结果。

年度经营计划是基于企业内部的各部门专业协作，以立项的方式来制订计划的一种方式，通俗来讲就是将企业的年度计划分解成一个个项目。企业每年在制订年度经营计划时，都要对之前制定的战略进行回顾，看看新的一年需要用到哪些规律，打造哪些战略能力，落实哪几条执行策略，然后再根据执行策略生成一个个战略型项目。

战略型项目的立项也需要遵循项目立项的基本流程，即将每一年的战略都融入当年的年度经营计划中，将一个个战略都落实为具有可操作性的项目。为了使战略型项目的设计更为规范和易于执行，企业需要依靠"战略型项目立项表"来完成立项工作。这个表格详细规定了战略型项目立项的各个步骤，包括项目来源、具体内容、背景分析、项目目的和项目目标等关键因素，表头见表5.4。

表5.4 战略型项目立项表

序号	项目来源	具体内容	背景分析			项目类型	项目编号	项目名称	项目目的	项目目标	起止时间	项目经理	项目预算
			必要条件/充分条件	当下状态	期望状态								

在战略型项目的立项过程中，一个明确的、结构化的立项思路是非常必要的。这不仅有助于确保项目与战略目标的紧密匹配，还能提高项目执行的效率和成功率。

为了帮助企业更系统地进行战略型项目的立项,下面介绍一个"立项思路参考模板"(表5.5),这个模板涵盖了从项目来源到项目目标的各个关键步骤的分析。

表5.5 立项思路参考模板

项目来源	具体内容	背景分析			项目目的	项目目标
		必要条件/充分条件	现有条件	期望状态(√或×)		
战略策略	战略策略内容	−必要条件:影响成败的关键因素(必须有) −充分条件:提升质量的可选因素(有会更好)	−全部有 −部分有	1.必要/充分条件的期望状态	项目考核维度的提炼与合并	1.与目的的逐一对应
		获取途径: 1.与领导者沟通战略策略的价值与期望 2.咨询专家/专业机构直接获取必备条件 3.如无专业指引,可从人/财/物/资源(技术/社会)等角度思考	−无	2.必要/充分条件具备后的结果状态(项目能实现√;项目无法实现×)	关键词(方向+要求)	2.目标量化,可执行,可评估

在这一模板中,项目来源揭示了战略型项目源自战略规划制定时形成的战略策略,具体内容则是战略规划制定时形成的各项战略策略,既可以用一条策略对应一个战略型项目,也可以将一条策略拆分成多个战略型项目(如图5.1、图5.2所示)。

示例:一条策略对应一个战略型项目

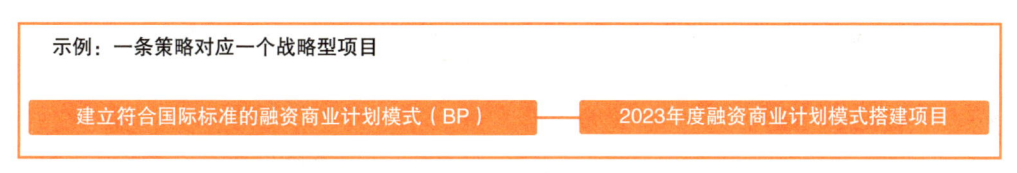

建立符合国际标准的融资商业计划模式(BP) —— 2023年度融资商业计划模式搭建项目

图5.1 一系策略对应一个战略型项目

示例:一条策略拆分成多个战略型项目

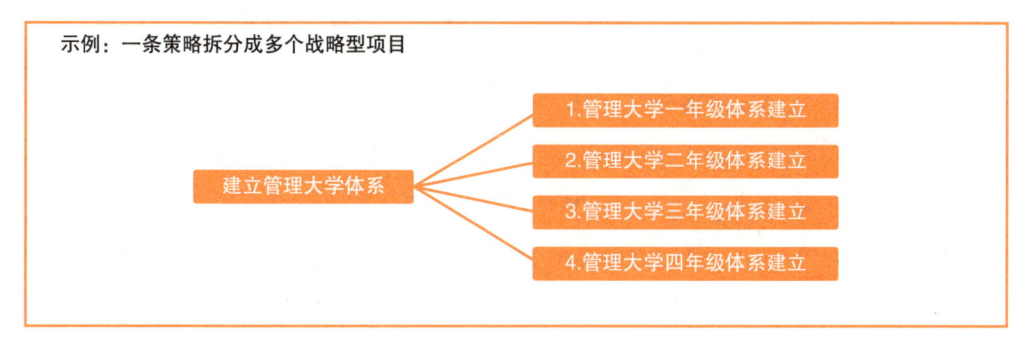

建立管理大学体系
1.管理大学一年级体系建立
2.管理大学二年级体系建立
3.管理大学三年级体系建立
4.管理大学四年级体系建立

图5.2 一系策略拆分成多个战略型项目

背景分析是战略型项目立项的关键步骤，在这一步骤中，企业必须充分考虑战略型项目立项所具备的必要条件/充分条件、现有条件以及期望状态。其中**战略型项目立项的必要条件指的是那些影响项目成败的关键因素，而充分条件则是指提升项目质量的可选因素。**

在背景分析步骤中，描述必要条件时常出现的错误主要有三种，即将"成果"列为必要条件、将"一般常识"列为必要条件和将"过程动作"列为必要条件，具体示例见表 5.6、表 5.7、表 5.8。

表5.6 错误示例1：将"成果"列为必要条件

具体内容	必要条件
在2023年6月30日前，完成企业高层次人才队伍建设方案的制定	多专业技术人才备选库（必要）
	专业技术人才分级标准（必要）
	专业技术人才队伍建设方案（必要）属于"成果"

表5.7 错误示例2：将"过程动作"列为必要条件

具体内容	必要条件
在2023年6月30日前，完成混合所有制改革	新公司注册（必要条件），属于"过程动作"

表5.8 错误示例3：将"一般常识"列为必要条件

具体内容	必要条件
在2023年6月30日前，完成混合所有制改革	全体员工（必要条件）属于"常识"

为了进一步明确如何将战略策略转化为实际可执行的战略型项目，接下来将提供一个"战略策略至立项撰写思路（示例）"。这个示例以一个具体的战略策略为出发点，通过"战略型项目立项表（表 5.9）"和"立项思路参考模板（表 5.10）"来进行战略型项目的立项，其中既有对项目来源的介绍、具体内容的描述、背景分析的细致考量，还有对项目目的和目标的明确设定。通过这样的示例可以为企业提供一个清晰的、可操作的立项路径，还有助于避免立项过程中的常见错误。

表5.9　战略型项目立项表

项目来源	具体内容	背景分析			
		充分/必要条件	当下状态	期望状态	
战略策略	1.2023年3月前，设立常态化的客户服务之星评选的奖励标准与工作流程 2.2023年3月前，在企业文化墙设立感谢心愿墙 3.2023年3月前，建立一页纸月度工作总结机制 4.2023年3月前，设立协作成功感谢信、感谢礼 5.2023年3月前，建立会议时间管理标准与工作流程 6.2023年3月前，建立文化管理小组 7.2023年4月前，建立考勤强化标准与工作流程 8.2023年7月前，设立协作之星评选的奖励标准与工作流程 9.2023年12月前，设立员工创新奖励机制 10.2023年12月前，建立集团季刊机制	企业文化管理小组	无	在2023年3月15日前，完成企业文化管理小组组建（项目内完成但不作为项目目标）	
		《企业文化概述》理论	无	企业文化管理小组成员100%完成《企业文化概述》学习并通过知识点考试	
		企业文化强化试运行	无	1.在2023年3月31日前，生成企业文化强化行为库（项目内完成但不作为项目目标） 2.完成不少于10次企业文化强化行为实施，包括但不限于感谢心愿墙、一页纸月度工作总结、协作成功感谢礼、员工创新奖励、集团季刊、客户服务之星、会议时间管理、考勤管理、协作之星	
		企业文化测评方式	无	1.建立企业文化测评标准（项目被完成但不作为项目目标） 2.完成1次企业文化调研实施并生成评估报告	
		企业文化强化流程	无	生成企业文化测评与强化流程	

表5.10　立项思路参考模板

项目类型	项目编号	项目名称	项目目的	项目目标	起止时间	项目经理	项目预算
战略型	HRA-2023001	企业文化强化体系建立	文化概念统一的	1.文化管理小组完成《企业文化概述》知识学习并100%通过考核	2023年1月1日—2023年12月31日	×××	××××元
			强化方式多元化的	2.完成不少于10次企业文化强化行为实施，包括但不限于感谢心愿墙、一页纸月度工作总结、协作成功感谢礼、员工创新奖励、集团季刊、客户服务之星、会议时间管理、考勤管理、协作之星			
			强化效果可检验的	3.生成企业文化评估问卷并在强化后完成1次调研实施			

续上表

项目类型	项目编号	项目名称	项目目的	项目目标	起止时间	项目经理	项目预算
战略型	HRA-2023001	企业文化强化体系建立	强化模式可传承的	4.生成企业文化强化流程及配套工具，内容包含但不限于客户服务之星评选的奖励标准与工作流程、会议时间管理标准与工作流程、考勤强化标准与工作流程、协作之星评选与奖励标准与工作流程	2023年1月1日—2023年12月31日	×××	××××元

通过立项，年度经营计划中的那些执行策略就变成了具体的战略型项目，随着项目的顺利开展，战略目标就能得以实现。这种将战略科学分解，变成年度经营计划中的若干个战略型项目，是在众多实践中得出的最能保证战略落实下去的一个办法。因为每一个项目都有具体的负责人、具体的执行时间、具体的目标、具体的预算，还有配套的监督机制以及激励机制，这些都保证了战略落地的效果。

思考与行动

★请说一说你所在企业是如何安排工作项目的？

★请从你所在企业挑选一到两个战略型项目，填写战略型项目立项表。

★请根据本节所介绍内容，将你所在企业的战略型项目都清晰地描述出来。

04

战略的回顾与修订

在一个不断变化的商业环境中,战略不应被视为一张铁板刻画的蓝图,而更像是一张不断调整和优化的地图。战略回顾与修订是完成这张地图的两个重要工具,它们共同确保企业战略落地工作不仅能够在正确的方向上推进,还能够及时应对各种不可预见的变数和挑战。

战略管控在战略落地中起着至关重要的作用，它不仅确保了对战略目标的持续跟踪和评估，还为可能出现的偏离或不足提供了及时的纠正机制。没有有效的战略管控，任何战略都只能是纸上谈兵。

在一个五年战略规划周期内，战略管控主要是针对战略执行成果采取的一系列措施，以确保每一个年度经营计划都能顺利落地，并达成预期效果。如图5.3所示。这一系列举措确保了战略目标与企业实际运营紧密相关，同时也为战略的持续优化提供了必要支持。

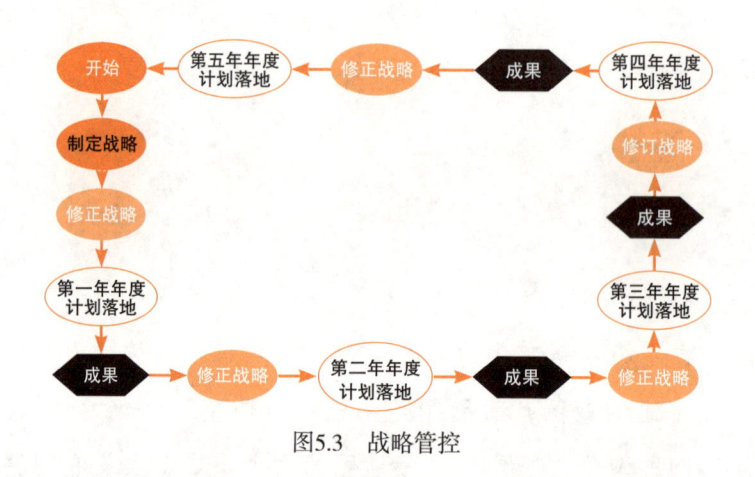

图5.3 战略管控

在这一系列举措中，战略回顾与修订是战略管控的核心组成部分，其主要是对过去一段时间内战略执行情况的全面审查，识别存在的问题和机会，然后根据这些信息来调整或修订战略。

作为战略管控的重要组成部分，战略回顾与修订需要按照特定的流程进行，包括由谁发起，什么时间进行，邀请哪些人来参与，以什么样的形式组织，以什么形式进行决议，得出的决议交给谁，最后如何落实决议的内容等，这些工作都需要按照相应的流程与规定推进，并由制定的人员负责落实。如图 5.4 所示。

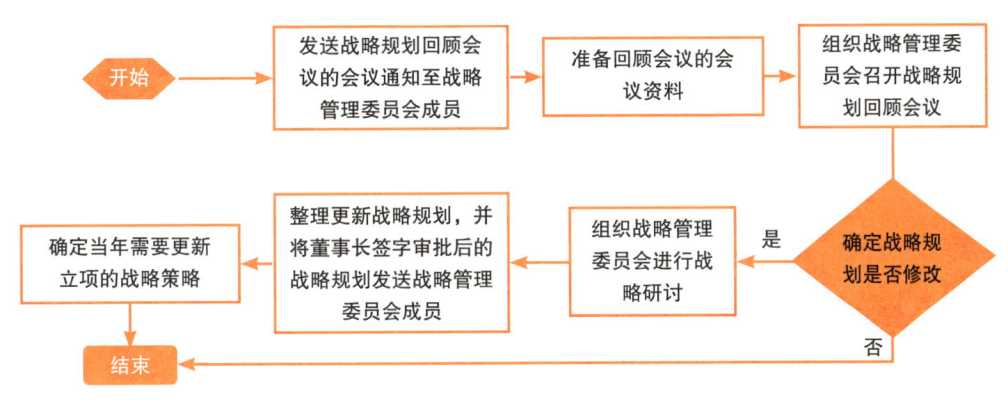

图5.4　战略管控流程

在这一流程中，战略管理委员会要对每一年战略的落实情况进行一个回顾，看是否对战略作出一些调整。比如，之前制定战略时的经济形势、市场形势或者周边社会环境已经发生了一些重大变化，比如，几乎没有企业能没预测到战争的发生，战争发生会对很多企业既定的战略产生很大影响，这时候战略管理委员会就需要考虑是否要对原定的战略进行修订。

战略回顾会是战略回顾与修订流程中的一项重要内容，一般在战略启动后的 2 到 3 个月时举行。在会议开始之前，战略管理委员会需要提前通知参会成员会议召开的具体时间与安排，并准备好相应资料。在会议进行过程中，参会成员需要对战略进行研讨，并确定好当年需要立项的战略策略，以及当前战略规划应当如何修改。在会议结束后，战略管理委员会相关成员要整理好更新修改后的战略规划，并将董事长签字审批后的战略规划发送给战略管理委员会的成员，便于继续推进战略落地工作。如图 5.5 所示。

会议组织者

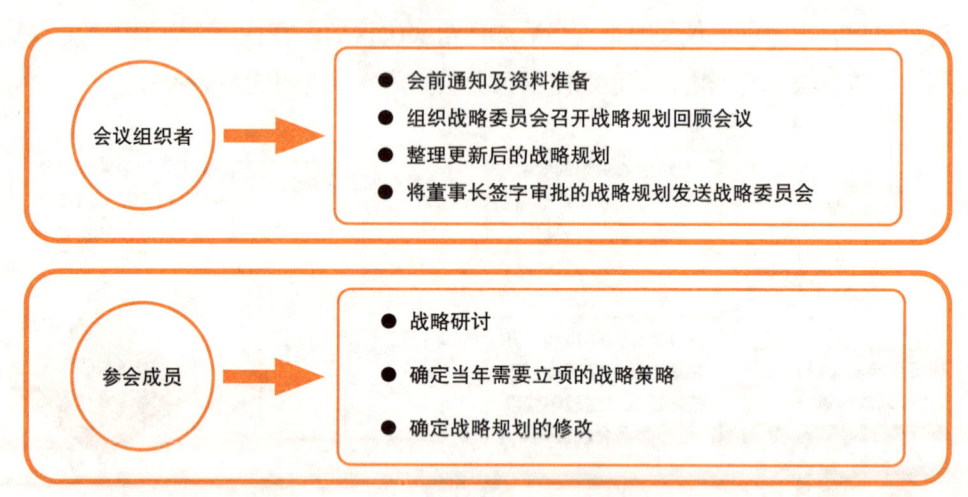

- 会前通知及资料准备
- 组织战略委员会召开战略规划回顾会议
- 整理更新后的战略规划
- 将董事长签字审批的战略规划发送战略委员会

参会成员

- 战略研讨
- 确定当年需要立项的战略策略
- 确定战略规划的修改

图5.5　战略的回顾与修订

总体而言，战略的回顾与修订不仅完成了战略落地的闭环，也是企业持续优化和适应不断变化市场环境的关键手段。通过定期的战略回顾和高效的战略修订，企业便能够确保其战略不仅能顺利落地，而且能够持续产生预期的价值和影响。

思考与行动

★请根据本节内容说一说为什么企业每年都要对战略进行回顾？

★你所在的企业会专门举行与战略回顾会类似的会议吗？在这类会议中，都会讨论什么议题？

★你所在的企业是否会对既定的战略进行修订？在修订时会遵循哪些原则？

第六章

量化管理模式下的能力战略打造

01

战略执行的成与败

战略的制定只是成功的起点，真正的挑战在于如何将其有效地落地执行。战略执行的成与败不仅影响企业能否长期生存，还直接关系到企业能否在竞争激烈的市场环境中立于不败之地。

在战略执行落地的过程中，往往会受多种因素影响，这些因素可以大致分为内部因素和外部因素两类。了解这些影响因素并将其纳入战略执行的考量中，是提高战略执行成功率的关键。

一、影响战略执行成败的内部因素

影响战略执行成败的内部因素主要包括战略规划和年度经营计划制订，以及项目管理过程中的激励机制设置。围绕这些影响因素，常会出现的问题主要包括将战略目标定得过高或过低、由能力分解而来的执行策略存在问题、缺少项目监督激励机制等。

1. 将战略目标定得过高或过低

在战略执行过程中，将战略目标定得过高或过低都会带来一系列的问题。当战略目标定得过高时，企业可能会对自身能力产生过高的评判，形成不切实际的期望。为了追求这些过高的目标，企业可能会过度分散其资源，导致关键业务领域的资源不足。同时，员工面对难以触及的目标可能会感到挫败和失落，这不仅影响其工作积极性和效率，还可能导致整体的士气不振。此外，为了实现过高的目标，企业在决策时可能会过于冒进，增加业务失败的风险。

相反，当战略目标定得过低时，企业的潜能便可能无法充分发挥，从而错失了更多的发展机会。在竞争激烈的市场环境中，过低的战略目标会导致企业失去竞争优势，企业可能会因此而满足于现状，缺乏创新和进取心。同时，员工也会因为感到工作缺乏挑战而失去工作的积极性。

总体来说，无论是将战略目标定得过高还是过低，都可能对企业的长期发展造成不利影响。因此，**在制定战略目标时，企业应该根据自身的实际情况和市场环境进行合理的评估，确保目标既有挑战性，又是可实现的。**

2. 由能力分解而来的执行策略存在问题

即使战略目标设定得当，如果在执行策略的选择上存在问题，那么企业也难以实现其战略目标。

一方面，企业可能对自身的核心能力出现误判。比如，企业可能会高估自己在某一领域的技术或市场的领导地位，从而忽略了在这一领域更为关键的能力打造。或者，企业可能会过于依赖某一项已有的技术或能力，而忽视了新技术能力的打造。

另一方面，企业在能力战略打造策略的实施过程中可能缺乏明确的方向和重点。没有明确的优先级和资源分配重点，企业便可能会在多个领域同时投入，导致资源分散，进而无法在任何一个领域取得显著突破。

此外，企业在选择执行策略来打造能力战略时，可能过于追求短期的利益，而忽视了长期的发展。例如，为了迅速提高市场份额，企业可能选择了短期策略，这虽然可以在短时间内获得一定的市场份额，但却不利于企业能力战略的打造。

综上所述，如果由能力分解而来的执行策略存在问题，可能会导致企业在实施过程中遭遇各种困难和挑战，从而影响到企业的竞争地位和长期发展。因此，企业在选择能力战略打造策略时，应该充分考虑自身的实际情况和外部环境，严格遵循13条基本规律，制订出切实可行的年度经营计划，确保其既能满足短期策略的需求，又能为企业的长期发展打下坚实的基础。

3. 缺少战略落地机制

战略落地机制是确保战略执行过程中各个项目能够按照既定的目标和计划进行的关键环节。缺少有效的战略落地机制，一方面表现为将策划确立为年度经营计划中的项目后，没有按照年度经营计划的要求去保障落实，另一方面则表现为没有按照项目管理的方法去执行具体项目。这些情况都可能会导致企业在战略执行过程中遭遇一系列的问题和挑战。

首先，缺少战略落地机制意味着企业在制定战略时，没有明确的执行路径和方法。这就像是有了目的地，但没有地图和指南针，就很容易在执行过程中迷失方向。企业可能会因为没有明确的执行步骤和标准，而在实际操作中出现混乱，导致资源浪费和效率低下。

其次，没有战略落地机制，企业在执行战略时可能会受到各种外部和内部因素的干扰，导致战略执行偏离预定的轨道。例如，市场环境的变化、竞争对手的策略、内部员工的抵触等，都可能影响战略的执行。而缺少落地机制，企业就很难及时发现和调整这些偏差，从而导致战略失败。

此外，缺少战略落地机制还可能导致企业在执行战略时，缺乏持续的动力和激励。因为没有明确的执行标准和考核机制，员工可能会对战略执行的重要性产生怀疑，从而影响到他们的工作积极性和执行效果。

总之，战略落地机制是确保战略能够有效执行的关键。缺少这一机制，企业在战略执行过程中可能会遭遇各种问题和挑战，导致战略无法实现预期的效果，甚至可能导致企业的整体发展受到严重影响。因此，企业在制定战略时，不仅要注重战略规划的内容，还要重视战略的落地和执行，确保战略达成能够真正为企业带来价值。

二、影响战略执行成败的外部因素

影响战略执行成败的外部因素主要包括市场环境、政策法规和技术发展等，这些因素往往不受企业控制，但会对战略执行产生重大影响。

1. 市场环境

市场环境是企业运营的背景和舞台，其内涵相当广泛，主要包括消费者需求、竞争对手的策略、市场趋势、经济状况等因素。当市场环境发生变化时，企业原先的战略可能就不再适用。例如，消费者的购买习惯和需求可能会随着社会文化的变化而变化；新的竞争者进入市场可能会改变市场的竞争格局；经济衰退或增长都会影响消费者的购买偏好。因此，企业需要持续监测市场环境，以便对战略进行适时的调整，以适应市场的变化。

2. 政策法规

政府的政策和法规对企业的运营有着直接的影响，这些政策和法规包括税收、进出口、环保等方面的内容。当政府出台新的政策或法规时，企业需要调整自身战略以确保合规。例如，当政府提高环保标准时，企业可能需要投资新的技术或设备以满足这些标准；当政府调整税收政策时，企业的盈利模式和成本结构便可能会受到影响。因此，企业需要密切关注政府的政策和法规动态，及时调整战略，以避免潜在的风险。

3. 技术发展

技术的进步和创新对企业的战略执行也会产生一定影响。新技术的出现可能会改变产品的生产方式、提高生产效率、创造新的市场机会或使原有的产品和服务变得过时。近几十年来，互联网的发展使得许多传统的商业模式受到挑战，但同时它也为企业创造了新的市场机会；人工智能和大数据技术的应用也是如此，它淘汰了一些技术落后的企业，但同时也使得企业可以更加精准地分析市场和消费者需求，从而制定更加有效的战略。

总的来说，外部因素对企业的战略执行有着重要的影响。企业在战略执行过程中要持续监测这些因素，并根据具体情况对战略进行适时调整，以确保战略可以顺利落地。

除了这些显见的因素外，在战略执行过程中，还有一些细节方面的因素，也会影响到战略执行的成败。比如，当团队成员、部门或者与战略执行相关的其他方没有定期、有效地沟通，便很容易导致信息不对称，从而影响战略的顺利执行；如果团队内部对战略目标或路径没有达成一致，执行过程中就可能出现混乱、产生分歧，这样会严重影响战略的执行。

了解了战略执行可能失败的原因后，制定相应的战略管理规定就显得尤为重要。明确的战略管理规定不仅可以预防上述问题的发生，还能为战略执行提供一个清晰的框架和指导。图 6.1 就是一个完整的战略管理规定（示例），企业可以根据自身情况，制定相应的战略管理规定。

第一章　总则
第一条　为维护××有限公司（以下简称公司）战略规划管理秩序，根据公司制度，特制定本规定。
第二条　在公司范围内，从事战略规划制定与落实工作，应当遵守本规定。
第三条　此规定由战略管理委员会或监察部门执行监督。 监察人员依照本规定执行监督、如实汇报。若有隐瞒、谎报违规情况，计1次违反公司制度。
第二章　战略规划制定
第四条　总经理负责战略规划的制定，在本阶段战略规划结束前的3个月，总经理必须确定下一个阶段战略规划，每延迟1个工作日计1次违规。
第五条　战略管理委员会由董事会、公司高层管理人员及其他专家组成，负责起草、修订战略规划方案，出现下列行为，计1次违规。 （1）无故缺席战略管理委员会会议； （2）未经正式授权，对会上讨论的方案进行私下散播。

第三章 战略规划落实

第六条 总经理负责组织战略规划回顾工作，每个财年开始前的1个月必须进行战略规划回顾会议，超出指定时间10个工作日以上，每延迟1个工作日计1次违规。

第七条 在每个财年进行战略回顾出现以下情况时，总经理必须与战略管理委员会讨论修订战略规划，超出指定时间10个工作日以上，每延迟1个工作日计1次违规。
(1) 战略规划中的阶段目标无法在指定时间内实现时；
(2) 战略规划中的策略无法落实时；
(3) 内外部环境发生巨大变化，影响公司战略方向时。

第八条 当战略规划出现任何修改时，总经理必须在修订后的10个工作日内以书面形式提交董事长，每延迟1个工作日计1次违规。

第九条 总经理负责本阶段战略策略的落实工作，总经理必须将战略策略落实到下一阶段工作安排中，每缺漏1条计1次违规。

第四章 附则

第十条 本规定的修订权和解释权归公司战略管理委员会所有。

第十一条 本规定由××年××月起施行。

附：《战略管理规定》签发与修订记录

图6.1 战略管理规定（示例）

了解可能导致战略执行失败的主要原因，并制定相应的战略管理规定，企业便能提高战略执行的成功率，还有助于更好地应对不断变化的外部环境。但想要真正让战略落地，还要将战略导入量化管理模式，并以年度经营计划和项目管理的方法来对战略制定、执行和落地进行全流程管控。

思考与行动

★分析你所在企业的战略执行力如何？如果执行力不行，请分析一下导致战略执行失败的原因是什么？

★根据企业经营管理实践，你还能想到哪些影响战略执行成败的重要因素？

02

建立量化管理模式

建立量化管理模式是企业开展科学管理的重要途径，也是企业战略落地的重要工作方法。如果不讲"量化"，而一味强调"战略"，那企业战略落地便会困难重重，甚至寸步难行。

当企业从创业阶段的小规模逐渐扩大到一个具有多个部门和复杂业务流程的组织时，其管理的复杂性和挑战性也随之增加。这种转变往往会导致核心管理者分身乏术，无法像以前那样事无巨细地管理每一个环节。同时，由于之前所有决策都集中在核心管理者手中，其他员工往往又缺乏决策和管理能力。

在管理学领域，开创流水线生产模式的福特汽车公司一直是被视为典型的，然而很多人不了解福特公司后续的故事，那就是在占有了美国汽车市场超过60%的份额，并取得了极大的商业成功后，福特公司却因为管理层的缺位而险些破产。

20世纪30年代末期，福特公司的创始人亨利·福特（老福特）年事已高，然而在之前20多年的发展中，亨利·福特并没有注意对于管理层尤其是接班人的培养，这导致福特公司内部管理混乱，重大决策完全出自亨利·福特一人之手，而随着亨利·福特年事已高，公司重大决策往往出现无人负责的情况。

德鲁克在其著作《管理的实践》中曾这样写道：老福特失败的根本原因在于，他在经营10亿美元的庞大事业时，有系统且刻意地排除了管理者的角色。在公司创业之初，作为创始人的老福特决定不和任何人分享经营权。公司主管全都是他的私人助理，只能听命行事，绝对不能进行自作主张的管理。他所有的作风都根源于这个观念，这也导致了帮助他维持企业运转的主要帮手贝内特，作为公司权力最大的主管，最"杰出"的能力无非是监督其他中高层管理者，而缺乏管理者所需的管理经验和管理能力，完全没有独立运营企业的能力。

正因为企业内部组织与现代管理要求不匹配，福特在20世纪30年代到40年代经历了连续15年的亏损，如果不是后来老福特年老（1947年去世）而导致福特公司被迫进行了管理模式的改革，福特公司很可能就真的成为历史了。

在这种情况下，企业内部可能会出现人才匮乏、培训混乱、组织架构不稳定、部门间冲突频发、新产品上市失败等一系列问题。更为严重的是，这些问题如果不及时解决，可能会导致企业走向混乱与衰败。

其实，一家真正优秀的企业并不是依靠某些人来推动发展的，而是依靠一套科学管理方法。这套科学管理方法让企业不因人员变动、架构变化等因素而阻碍发展，这套科学管理方法让企业不管遇到什么变动，都不会停止前进的脚步。

量化管理模式就是这样一种科学的管理方法，其能帮助管理者更有效地监控员工表现和业务进展，还能帮助企业明确各个部门的职责和目标，减少因不明确的责任划分而导致的部门间冲突。其为企业提供了一套科学的方法和工具，帮助企业在复杂和不确定的环境中作出更加明智和可靠的决策，从而确保企业的长期稳健发展。

在战略落地过程中，会出现很多问题，这些问题如果得不到妥善的解决，便会影响到战略目标的最终实现。而想要有效解决这些问题，除了要建立相关的配套保障机制外，还需要在企业内部建立一套量化管理模式。如此一来，战略规划不会因为突发事件例如换一个领导者就被搁浅，也不会因为一些特殊情况而被修改得面目全非，更不会因为遇到一些困难就被拖延，而是会一如既往地贯彻和推进下去，最终实现战略目标。

在量化管理模式下打造战略能力，就是将战略目标进行科学的分解，从而清晰表述出达到目标的关键路径有哪些，同时利用项目分解的方式将关键路径中的重要决策点找出，对每一个重要决策点都建立起一套科学的工作流程与评价标准，进而保证不论何时、不论何地、不论何人在进行重要决策点上的工作时都按照既定的方法工作，从而达到既定标准要求的一种标准工作方法。

想要在企业内部建立量化管理模式，企业就要先建立起十大契约，只有以这十大契约来改造企业的组织环境，才能让企业管理更加科学、让战略落地更加顺畅。

十大契约包括**战略规划契约、期权契约、制度契约、年薪契约、岗位职责契约、职业发展规划契约、项目管理契约、薪酬激励契约、组织架构契约以及年度经营计划契约**。这十大契约共同构成了企业的组织环境，它们是量化体系的基础，任何企业想要开展量化管理，这些契约都必不可少。图 6.2 为契约管理结构。

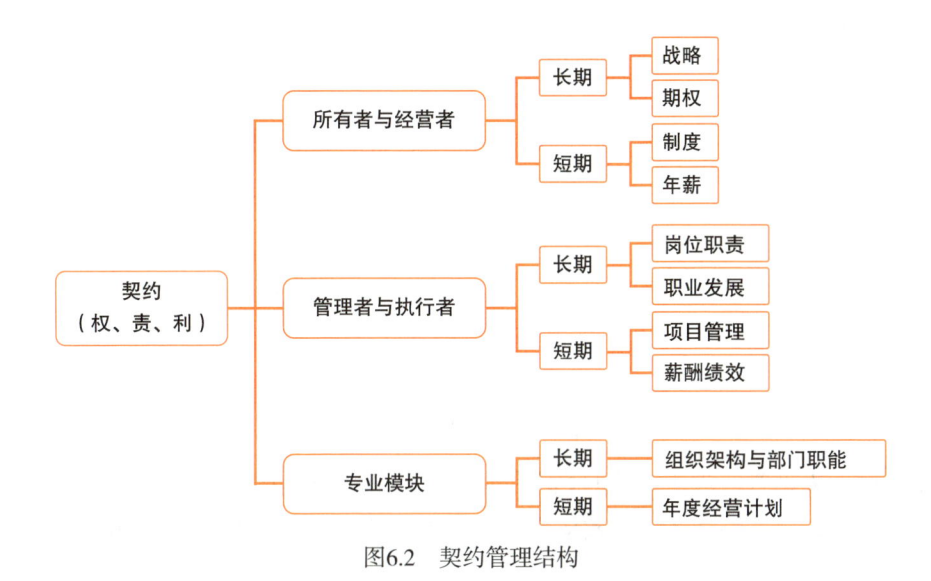

```
契约          ├─ 所有者与经营者 ─┬─ 长期 ─┬─ 战略
（权、责、利）│                  │         └─ 期权
              │                  └─ 短期 ─┬─ 制度
              │                           └─ 年薪
              ├─ 管理者与执行者 ─┬─ 长期 ─┬─ 岗位职责
              │                  │         └─ 职业发展
              │                  └─ 短期 ─┬─ 项目管理
              │                           └─ 薪酬绩效
              └─ 专业模块       ─┬─ 长期 ─── 组织架构与部门职能
                                 └─ 短期 ─── 年度经营计划
```

图6.2　契约管理结构

一、战略规划契约

战略规划契约是企业与全体员工之间的重要约定，它确保了企业战略目标的明确性和可执行性。这份契约不仅明确了企业的长期和短期目标，还规定了各部门和员工在实现这些目标过程中的责任和角色。这样做有助于统一员工行为，形成组织内部的合力，从而提升整体执行力。

在企业战略能力打造方面，战略规划契约起到了桥梁的作用。它将高层的战略意图与基层员工的日常工作紧密连接，确保战略目标不仅被明确设定，而且能够得到有效执行。这样的一致性和明确性是企业构建强大战略能力的基础，因为只有当每个人都明确自己在大局中的位置和任务时，企业作为整体才能快速、准确地响应各种市场变化，从而持续提升其战略竞争力。

二、期权契约

期权契约是一种专门针对高层人才和关键管理者的人事契约，旨在通过期权激励等方式，确保这些人才能长期留在企业，并全身心投入战略目标的实现。这种契约形式不仅为高层人才提供了额外的激励，也为企业提供了一种有效的人才留存机制。在战略执行的长期过程中，单靠薪资和其他福利是难以确保人才稳定性的，而期权契约则能弥补这一管理缺失，使得关键人才更愿意长期与企业合作。

没有稳定和高效的团队，任何战略都难以落地。在期权契约的激励下，即使面临诸如创业等其他诱惑，高层人才也更可能选择留在当前企业，持续推动战略目标的实现。因此，期权契约不仅是人才管理的有效工具，更是确保战略目标得以顺利实现的重要保障。

三、制度契约

制度契约是企业内部管理的基石，它定义了组织内部的规章制度和基本原则，为管理者和员工提供了一个明确的行为准则。这种契约不仅要求管理者们遵循这些规章制度，更重要的是要求他们积极维护和强化这一制度体系。制度契约的存在有助于确保组织内部的稳定和高效运作，同时也为解决可能出现的矛盾和冲突提供了依据。

制度契约的重要性不仅体现在其规范性，还体现在其灵活性方面。随着企业的发展和外部环境的变化，制度也需要不断地进行优化和调整。它就像企业的"法律体系"，明确了什么是可以做的，什么是不可以做的，从而为组织内部的各种活动提供了明确的方向和界限。如果管理者或员工都不遵守这些制度，或者对其进行破坏，那么整个组织的稳定性和执行力都将受到严重影响。因此，制度契约不仅是组织管理的基础，也是维护组织长期稳定和高效运作的关键。

四、年薪契约

年薪契约是一种针对企业管理者的激励机制，它不仅考虑了管理者的工作量和年度表现，还与企业或部门的规章制度紧密相连。这种契约形式不仅是一个薪酬计算的方式，更是一个综合性的考核体系。它将固定薪酬与制度和管理的执行力度相关联，而绩效薪酬则与工作的最终成果相匹配。这样的设计确保了管理者在维护组织规则和秩序的同时，也必须关注工作的绩效和成果。

通过这种契约形式，企业能更有效地激励管理者去实施和维护战略目标，从而提升整个组织的战略执行能力。当管理者知道他们的薪酬与维护制度以及实现战略目标有直接关系时，他们更可能投入更多的精力和资源去实现这些目标。这不仅有助于企业更好地实施其战略规划，也有助于构建一个更加高效和有凝聚力的管理团队。

五、岗位职责契约

岗位职责契约是一种明确管理者和执行者各自责任和义务的工具，旨在清晰地定义每个岗位的工作职责和评价标准。一个有效的岗位职责契约应避免过于抽象或过于细致的描述，而是应该在明确、可量化和公平的基础上进行编制。这样的契约不仅有助于员工更好地理解他们的角色和岗位期望，还能为管理者提供一个明确和可执行的管理框架。

当每个员工都明确自己的职责和评价标准时，他们就更容易与企业的整体战略目标对齐。这种对齐不仅提高了战略执行的效率，还有助于确保资源的合理分配和优化。通过明确的岗位职责，员工能更加专注于与其职责和角色相关的关键活动，从而加强企业的战略执行能力。这也为员工提供了一个明确的职业发展路径，进一步增强了他们对企业战略目标的参与度。

六、职业发展规划契约

职业发展规划契约是一种旨在明确员工晋升路径和成长机会的契约形式，它与岗位职责契约相辅相成，为员工提供了一个清晰的职业发展路径。这种契约确保了员工在完成特定项目或任务并获得必要技能后，就能够获得相应的晋升机会。这样的安排不仅激励员工更加专注于他们的工作，还增强了他们对企业的忠诚度和热情。

从战略能力打造的角度来看，职业发展规划契约具有重要意义。它为员工提供了一个明确的、与企业战略目标相一致的发展路径。当员工看到自己的努力和成就能够得到明确的回报和晋升机会时，他们则更愿意投入与企业战略相关的关键项目和任务。这不仅提高了战略执行的成功率，还有助于企业吸引和保留关键人才，从而进一步加强其战略执行能力。

七、项目管理契约

项目管理契约是一种旨在规范和统一员工日常工作流程的契约。通过明确项目的时间要求、质量要求和评估标准，使这一契约有助于提高工作效率和质量。

它将企业的各项工作转化为具体的项目，使得员工可以更加明确地了解自己的工作内容。这种方式不仅有助于培养合格的项目经理，还能确保年度经营计划契约得以有效执行。

企业的各个部门和员工都按照项目管理的方式进行工作，这将有助于实现企业战略目标的高效执行。通过项目管理契约，企业能够确保所有员工都在同一契约框架下工作，而无须考虑他们原先属于哪个部门。这样的统一工作模式不仅提高了整体的执行效率，还有助于跨部门的协作和沟通，从而加强企业的战略执行能力。

八、薪酬激励契约

薪酬绩效契约是一种明确规定员工报酬与绩效关系的契约，旨在消除任何关于薪酬的不确定性和主观性。在这一契约下，员工可以根据完成的项目和任务数量来明确计算出自己应得的报酬，而不是依赖于管理者的个人情感或判断。这样的透明和可预测性不仅提高了员工的工作积极性，还增强了他们对企业的信任度和忠诚度。

一个明确、公平的薪酬体系能有效地激励员工，推动他们更加积极地参与企业战略的执行。当员工明确知道自己的努力和成绩将如何转化为具体的薪酬，他们更可能全身心投入工作，从而提高企业整体的战略执行能力。这种契约精神展现的公平与互惠原则，不仅增强了员工的工作动力，也为企业的长期发展和战略目标的实现提供了坚实的基础。

九、组织架构契约

组织架构契约是对企业内部的组织架构及各个部门职责的描述，不仅规定了企业该设置多少部门，各个部门之间的隶属关系，还规定了组织中各个部门的职能，以及各个部门的权、责、利。通过这样的契约，企业能确保各个部门都能在其专业领域内充分发挥特长，同时也能避免职能交叉或重复，从而提高整体的管理效率。

一个明确和高效的组织架构是实施战略计划的基础。当各部门明确了自己的职能和责任后，它们更容易专注于实现与企业战略相关的目标。这样的明确性和专注性不仅提高了战略执行的速度，还增加了成功的可能性。因此，组织架构契约不仅有助于提升企业的管理效率，还是战略能力持续打造和优化的关键组成部分。

十、年度经营计划契约

年度经营计划契约是对企业在新财年内需要达成的各项目标和计划的描述。这份契约与组织架构契约相辅相成，确保企业在专业化和量化管理方面能够有序推进。

在打造方面，战略能力年度经营计划契约将总体战略规划细化为短期、可量化的目标，使得企业能够通过实现每年的具体目标来逐步达成其长远战略。这种分阶段、逐步推进的方式不仅提高了战略执行的可行性，还能及时调整和优化战略，以应对不断变化的市场环境。因此，年度经营计划契约不仅是企业日常运营的管理工具，也是持续打造战略能力的重要一环。

量化管理模式中的十大契约覆盖了企业内部的所有员工，涉及企业管理的方方面面，这些契约作用各不相同，却能够相互协调配合，进而提高企业运行效率，为企业量化管理助力。

在长期的管理咨询实践中，那些持续经营优良的企业，无一不具备组织共振、协同工作的特性，它们的存续与发展都依托于自身独特的量化管理体系。

所有成功的百年企业，无一不证明了他们的成功是这种基于理性的、科学的量化管理模式良好运用的结果，假设企业能在管理思想与管理模式上与先进理念接轨，逐渐将旧有的模糊管理和经验管理，向先进的量化管理模式转化，相信企业必定会运作得更好，战略目标也能顺利实现。

思考与行动

★你对量化管理有过了解吗？你所在的企业是否采用过类似的科学管理方法？

★请根据本节内容说一说对量化管理模式的理解？你觉得企业实施量化管理有什么好处？

★请将本节所介绍的十大契约跟你所在的企业管理方法相结合，分析你所在的企业中还缺少哪些契约所涉及的内容？

03

将战略融入年度经营计划

在成功构建了"十大契约"为基础的量化管理体系之后,企业的战略目标就得以科学分解并嵌入年度经营计划。这一过程不仅将战略目标具体化,还确保了战略的有效执行。为了进一步优化这一过程,企业应以营销价值链来确保战略目标被成功地分解、立项和执行。

在战略落地过程中，营销价值链发挥着重要作用。它可以确保企业的战略目标与市场需求相匹配，并通过各个部门的协同工作，实现这些目标。企业想要将量化管理模式下的能力战略分解为年度经营计划中的具体项目，就需要按照营销价值链的需求传递流程去操作，只有将每个环节的工作都圆满完成，才能顺利完成项目的立项工作，并推动战略落地继续推进。

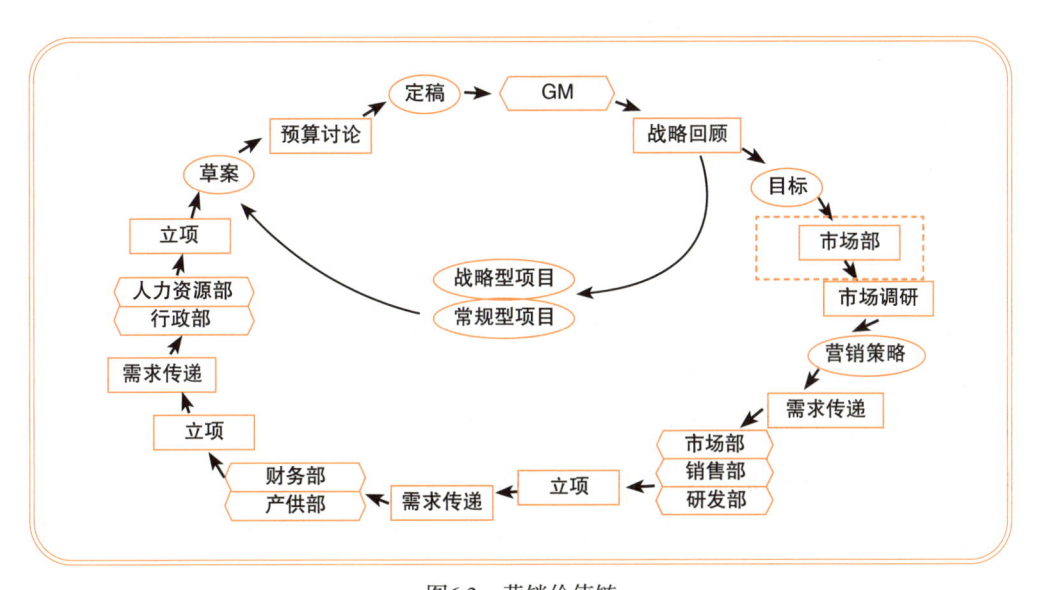

图6.3 营销价值链

如图 6.3 所示，营销价值链从战略回顾开始到年度经营计划定稿结束，当前一年的年度经营计划执行完毕后，企业还可以按照同样的流程来完成新一年度的年度经营计划的制订。整个过程涉及企业内部多个部门，包括多个环节的需求传递及立项流程，最终以一个完美的闭环循环往复。

下面主要对营销价值链中的关键环节进行说明：

一、战略回顾

战略回顾旨在评估企业当前战略的适应性、有效性和持续性。通过战略回顾，企业可以确保其战略与市场环境、组织能力和资源配置保持一致，从而实现长期的发展。

在战略回顾过程中，企业首先要确定当前自身正处于生长期还是收藏期，而后还要评估之前设定的战略目标是否已经实现或正在实现的过程中，这包括对销售收入、市场份额、利润率等关键业务指标的回顾。然后，企业还要分析宏观经济、行业趋势、竞争对手、技术发展、政策法规等外部因素，以确定它们对企业战略的影响。同时，企业还要对自身核心能力、资源配置、组织结构等进行评估，以确定它们是否支持当前的战略。此外，识别和评估与当前战略相关的潜在风险，包括市场风险、技术风险、运营风险等，并考虑如何管理和减轻这些风险带来的影响，也是战略回顾过程中必须要做的工作。

通过有效的战略回顾，企业可以及时调整其战略，从而实现长期的发展和竞争优势。基于战略回顾的结果，企业可以确定相应的战略型项目。

二、战略目标与需求传递

战略目标被明确后，需要向下传达至各个部门。在这个过程中，市场部要首先通过与客户的沟通和市场调研，获知客户和市场的真实需求。接着，市场部将这些需求信息传递给研发部和销售部。研发部根据这些需求信息，可以确定产品开发或改进策略，销售部则可以根据这些信息来调整销售策略。

在整个战略目标与需求传递的过程中，各部门都要找到今年需要改善的工作重点，识别存在的问题，并据此制定出各自的改善型项目。

三、年度经营计划的确立

年度经营计划是企业为实现其长期战略目标而制订的一年内的具体行动计划，主要涵盖了企业在新财年中预期要完成的各个项目、目标和预算。

企业各部门在营销价值链体系下，根据市场需求和企业战略，分别确定战略型项目、改善型项目和常规型项目后，这些项目再经过成本预算和总经理的审批，就构成了年度经营计划的主体。总经理在这一过程中扮演了关键角色，需要确保年度经营目标与企业战略完全契合。如果出现不一致，总经理会通过适当的调整来使目标与预算相吻合，从而确保年度经营计划的顺利执行。

这种基于营销价值链的年度经营计划制订方式，不仅使各部门的工作更加目标明确，执行也更加顺畅，而且还在根本上解决了组织内部的发展冲突，提升了企业的运营效率。这样的年度经营计划是以需求为导向的，与市场需求和企业战略紧密相关，从而确保了战略目标的有效实现。关于年度经营计划制订的相关内容，可以查阅《卓有成效的企业年度经营计划》这本书。

思考与行动

★请根据本节内容说一说你对营销价值链的理解？

★你所在的企业是如何将年度经营计划中的战略落地的？在战略落地过程中，是否遇到了一些问题？

★试着按照本节所介绍的内容，从战略回顾开始，按照营销价值链来完成企业年度经营计划的制订。

04

项目管理中的
项目监督激励机制

年度经营计划中各个项目的顺利执行,除了依赖初期精准的项目立项,还有赖于后期项目管理中的项目监督激励机制——项目积分制度。通过项目积分制度让项目落地,是战略落地的一种重要方法。

在年度经营计划中对各类项目进行立项,是战略落地的关键一步,但完成项目的立项只是开始,并不意味着战略便可以顺利落地,管理者还需要通过相应的监督激励机制来为各类项目的推进保驾护航。

足球、篮球等竞技运动都有各类联赛,比如欧洲足球五大联赛,CBA、NBA等篮球联赛。在这些联赛中,各俱乐部球队会按照既定赛程完成各场比赛,最终以积分(或胜负情况)来决出进入季后赛(或决赛)的名额。在这一过程中,积分既是激励,也是考核,参与比赛的俱乐部可以凭借积分来获得荣誉,也可能会因为积分而遭到淘汰(或降级)。

想要让年度经营计划中的项目落地,也要运用到积分规则,管理者需要通过积分来了解项目参与者对项目作出的贡献、展现的价值,也要通过积分来对项目参与者进行监督,以激励其进步,考核其工作。

在量化管理模式中,项目管理中的积分制度便是让项目尤其是战略型项目顺利落地的重要工作方法。相比于常规型项目,战略型项目中的一些工作是不好估量的,但在项目积分制度下,那些不好估量的工作贡献和价值会被具体的积分量化出来,由此管理者便可以对比不同项目参与者对项目的贡献,进而做出进一步的奖励操作。图6.4为项目积分与项目管理。

在项目积分制中,确定项目基准分是一项重要工作,项目对企业的价值就是通过项目基准分来体现的。**项目基准分的确定在项目立项时就要完成,一般要从时间、操作复杂度和是否可控这三个维度进行综合判断。**

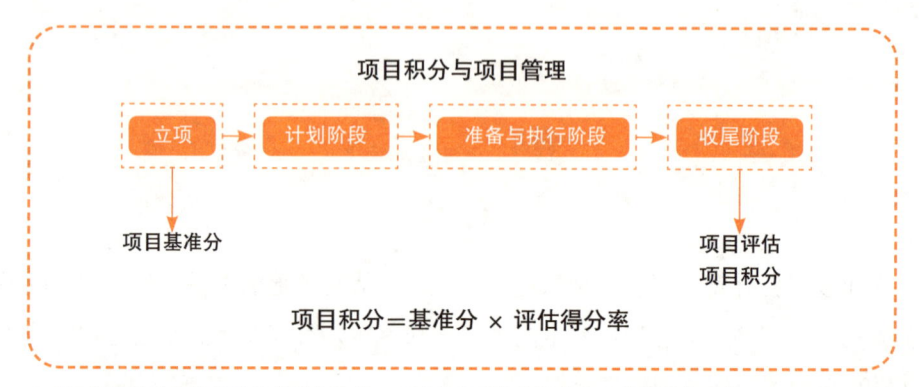

```
                    项目积分与项目管理
    ┌─────┐    ┌────────┐    ┌──────────────┐    ┌────────┐
    │ 立项 │───▶│ 计划阶段 │───▶│ 准备与执行阶段 │───▶│ 收尾阶段 │
    └─────┘    └────────┘    └──────────────┘    └────────┘
       │                                              │
       ▼                                              ▼
    项目基准分                                      项目评估
                                                   项目积分

            项目积分 = 基准分 × 评估得分率
```

★项目积分制度贯穿于项目管理全流程，可以将项目中的所有的工作都量化出来。

图6.4　项目积分与项目管理

一、时间

项目从开始到结束需要花费多少时间，是从时间维度确定项目基准分需要考虑的问题。需要注意的是，这里的时间指的是整个项目的用时，而不是项目团队成员投入这个项目的用时。

一般来说，历时越长的项目，管理难度便越大，其在时间维度上获得的分值也就会越高。但某个项目的历时时间很长，并不意味着它的项目基准分就会比其他项目高，因为时间只是确定项目基准分的一个维度而已，具体见表6.1。

表6.1　项目积分与时间

分值	5分	4分	3分	2分	1分
时间（历时）$-T$	大于10个月	8~10个月	6~8个月	3~6个月	3个月

☆ 时间：考量要素是项目的历时，历时越长，管理难度越大。

二、操作复杂度

项目在开展时是否有具体的理论指导，是否有详细的书面化流程指导，是否有可借鉴的成功经验，这是从操作复杂度这一维度确定项目基准分需要考虑的问题。这其中，"理论"主要指企业曾经实践成功过的理论知识或较为成熟的方法论，而"经验"则是一种规律性的东西，其既可能在新项目中发挥作用，也可能无法在新项目中产生作用。

一般来说，战略型项目在操作复杂度这一维度上获得的分值都是相对较高的，因为很多企业开展战略型项目时都是"摸着石头过河"，可供借鉴的理论、经验都很少，说操作复杂度拉满可能有些夸张，但其复杂程度是可想而知的，具体见表6.2。

表6.2 项目积分与操作复杂度

分值	理论	流程	成功经验
5分	×	×	×
4分	√	×	×
3分	√	√	×
2分	√	×	√
	×	√	√
1分	√	√	√

☆ 操作复杂度—考量是否有理论体系、书面流程指导，或是曾经有成功操作经验，具体评分如下：
- 有理论—企业团队曾实践成功过的理论知识/模型；
- 有流程—企业团队曾实践过的书面流程；
- 有成功经验—企业团队曾经实践操作成功过，并存有书面总结。

三、不可控性

不可控性并不是说这个项目有多么困难、多么不好操控，而是说这个项目管理起来是否轻松。

通常情况下，战略型项目牵涉的人力资源都比较多，而且跨部门的情况也很常见，所以在不可控性这一维度上，需要与部分外部、企业外部协调的占比越高，难度就越大，项目所能获得的分值也会比较高，具体见表6.3。

表6.3 项目积分与不可控性

分值	5分	4分	3分	2分	1分
不可控性-U	90%~100%	70%~90%	40%~70%	20%~40%	20%以下

☆ 考量要素是项目需要与部门外部、企业外部协调的占比，占比越高，难度越大。

确定好项目基准分后，管理者便可以按照项目管理中的"项目基准分的分配"和"项目积分制应用"等内容，对项目的推进进行监督与激励，为项目顺利落地保驾护航。关于项目激励机制的具体内容，《卓有成效的项目管理者》一书中有详细介绍。

> **思考与行动**
>
> ★在阅读本书前，你是否了解量化管理模式下的项目管理方法？
> ★试着说一说项目管理中的项目积分制度对于战略落地有哪些好处？
> ★试着选择一个战略型项目，并根据你所在企业的实际情况，为这一项目计算具体基准分。

05

量化管理模式下战略管控体系建立实例

企业在建立战略管控体系时，要注意不能简单照搬其他企业的标准、管理制度等，要将量化管理的思想体系、方法论，与自身企业的实际情况有机结合。每家企业都有自己本质的和先天的基因，如果直接把其他企业的战略管控体系套用在自己身上，就相当于把其他企业的肢体移植到自己身上，就会出现排斥异体的现象，甚至有可能危及生命。

成立于 2005 年的"懒角落"是一个主营收纳、清洁、餐厨和衣物等家居用品的品牌，它秉承着"生活，有好物相伴"的品牌理念，推崇简约又精致的生活方式，致力于为消费者打造一个理想之家。与竞争对手不同的是，"懒角落"在产品开发与设计上都非常注重挖掘目标人群的生活习惯，真真切切地做到了"适合国人"这四个字。

2018 年，"懒角落"进行了战略规划中重要的一步：从电商转战实体，完成了品牌核心形象升级、北京第一家实体店设计和第一家旗舰店的设计。之后又进一步扩张，在全国落地开花，目前已经在各大城市积累了总计超过 500 万的会员客户。

然而"懒角落"的发展并非一帆风顺，在很长一段时间里，人员的执行力在下降、部门之间的沟通成本越来越高、公司目标总是不能落实到一线、人员薪资没有一个定量清晰的研判准则等问题始终困扰着"懒角落"。

那么"懒角落"是怎么解决这些问题的呢？

2013 年时，"懒角落"的总经理谢梓江先生首次接触夸克的系统量化管理模式，他意识到可以用这种让他眼前一亮的模式来解决困扰他的难题。此后，"懒角落"的管理层进行了细致自我剖析，发现企业面临的困境主要集中在企业战略与执行层面以及企业人力资源管理方面。其中，企业战略与执行层面的问题主要表现在以下几个方面：

（1）缺乏一套科学的、统一的和可执行的战略规划的思考模式。

（2）公司的战略定位不够清晰，虽然有方向和数字目标，但缺乏全面的、精确的策略分解路径和实现战略的方法。

（3）战略与年度经营计划未形成内部衔接的运作机制，未能有效推进战略部署。

而企业人力资源管理方面的问题主要表现在以下几个方面：

（1）由于员工数量的激增，导致员工的商业专业化技能存在或多或少的缺失；

（2）员工的薪酬研判规则、职业发展规划脱离了企业整体业务管理模式，使员工缺乏有效的正向自我激励动力。

找到企业发展的问题之后，"懒角落"便开始思考管理优化的方法。而夸克系统化的量化管理模式就成了"懒角落"管理层的自然之选。而也正是引入了这种量化管理模式后，"懒角落"才开启了真正的变革之门。

2018年1月起，夸克专业团队正式和"懒角落"开展战略—计划—项目管控体系搭建、薪酬与职业发展体系搭建、职业化团队打造合作。

在战略—计划—项目管控体系搭建中，夸克团队帮助"懒角落"完成《战略思维逻辑》学习，建立"运用规律生成战略眼光，打造能力应对市场变化"的基本思维，并共同制定了属于"懒角落"专有的五年战略规划、战略规划管理手册等书面文件。

夸克还帮助"懒角落"落实了全面项目化，对9个部门完成了工作分类打包。在夸克的辅助下，2019年"懒角落"定稿了三类型项目共计76个，并生成《年度经营计划管理规定》及相关制订流程，让这套方法能在"懒角落"内部得到固化和传承。

针对工作模式，夸克则帮助"懒角落"培养了项目经理及立项人，完成了第一季度的项目实操，保障年度经营计划落地的同时提高了工作效率与项目成功率。在人力资源方面，夸克帮助"懒角落"完成了人员分类定级、薪酬体系的制定，同时经过与夸克项目组和专家们不少于5次的沟通与调整，"懒角落"完成了年薪方案和职业发展路径与标准的制定。

另外，夸克还与"懒角落"开展了4门职业素养课程培训与考核、180天习惯养成强化卡，还共同输出了《懒角落商务概念集》《懒角落写作规范手册》《项目管理规定》《项目管理流程与标准（含工具、模板）》等书面文件。合作结束后，"懒角落"整体基础素质水平提高8.9%，平均每项商务技能提高0.32分（满分5分），人员素质大大提高，基本满足了当下企业发展对于员工的素质需求。

"懒角落"的企业转型推进，让它在特殊情况下及市场困难重重的大背景下，成为异军突起的黑马。较 2017 年各项重点数据来看，"懒角落"的产品数量进一步精简，降低至原有数量的 26%，但产品单价稳步提升，提升了 80%，产品毛利提升了 12%，营业额大幅提升了 22.8%，复购率提升了 18%。各项数据的显著改善奠定了"懒角落"的国内市场地位，也让它在 2019 年就达到了旗舰店销售额过亿元，并且在 2021 年天猫家居产品销售战中，取得了行业销量第三名的优异成绩。

更为重要的是在夸克专业团队的帮助下，"懒角落"已经转变为一个拥有科学战略管理模式、科学人力资源管理模式的现代化企业。

思考与行动

★ 根据本节实例内容，分析一下你所在企业在战略管理过程中存在哪些问题？

★ 试着以量化管理模式为指导，为你所在企业的战略管理问题制定具体的解决方法。

第七章

打造能力战略过程中常见问题汇总

01

如何衡量是否成功打造了能力

想要确保顺利打造缺失的能力，企业在战略规划制定过程中，就要明确自身有哪些战略能力需要打造，而在战略落地过程中，则要明确自身是否成功打造了这些战略能力。

一些企业在打造战略能力时，往往会在前期战略规划制定过程中投入更多精力，而忽视了战略落地过程中的一些重点工作，比如，有些企业很注重选定需要打造的战略能力的过程，却对衡量战略能力是否成功打造这项工作不够上心。这样做很容易使战略能力打造过程出现偏差，即战略能力还未打造成功，而战略落地工作便已经结束。基于此，企业必须要学会衡量战略能力是否成功打造。

前面已经介绍过"能力打造公式"，这不仅是将能力分解为执行策略的重要依据，也是衡量能力是否被成功打造以及企业是否已经成功具备了此前缺失的能力的方法。

能力 = 组织建设 + 理论掌握 + 流程与标准化 + 实践验证

在这一公式中，"组织建设"、"理论掌握"和"流程与标准化"都是能力打造过程中的重要流程性工作，而"实践验证"除了是流程性工作外，还是衡量能力是否已经被成功打造的重要依据。

以"打造产品质量管理的能力"为例，企业首先需要建立一个专门的质量管理团队或部门，这是"组织建设"的部分。接下来，团队成员需要接受质量管理的专业培训，掌握相关的质量管理理论和方法，这是"理论掌握"的部分。在此基础上，企业需要制定一套完整的产品质量管理流程和标准，确保每一步操作都有明确的标准和要求，这是"流程与标准化"的部分。

但仅完成上述三个步骤还不足以证明企业已经成功地打造了产品质量管理的能力。真正的考验在于"实践验证"。企业需要在实际的生产和销售过程中，应用所学的理论和流程，确保产品的质量始终可以达到或超过既定的标准。只有当产品在市场上得到了消费者的认可并且获得了良好的口碑以后，企业才能确认自己已经成功地打造了产品质量管理的能力。

此外，企业还可以通过定期的内部和外部质量审核以及与行业标准的对比，来进一步验证自己的产品质量管理能力。如果在一两次或更多次验证中，企业都能够达到预期的标准，那么就可以确认，企业已经成功地打造了缺失的产品质量管理能力。

总之，衡量能力是否成功打造，不仅要看企业在组织、理论和流程上的建设，更要看这些建设在实际操作中是否能够得到有效的验证和应用。只有当理论与实践完美结合时，企业才能确认自己已经成功地打造了缺失的战略能力。

02

企业能在13条规律之外选定要打造的能力吗

　　战略能力的打造要基于13条规律，在这13条规律的引领下，企业才能制定出切实可行的战略，打造出发展必需的能力。那么在13条规律之外，企业是否可以根据自身情况选定需要打造的能力呢？答案是肯定的。

企业在追求持续的发展和竞争中，往往需要依赖于其独特的战略能力。这些能力是企业在市场中脱颖而出、取得竞争优势的关键。而13条规律为企业提供了一个打造战略能力的基本框架和指导原则，确保企业在打造能力时有方向、有依据。

不过，每个企业都有其独特的市场定位、业务模式和发展阶段，这意味着可能需要一些特定的专业能力，这些能力可能并不在13条规律所描述的能力范围内。在这种情况下，企业便可以根据自身的实际情况和长远的战略目标，选定并打造这些特定的专业能力。例如，某个高科技企业可能需要打造某种特定的专业技术能力，以保持其在市场中的领先地位，即使这种能力并不在13条规律的范围内，这家企业也可以将这一能力写入能力战略打造列表。

虽然存在这种"特殊情况"，但这并不意味着企业可以选择性地忽视这13条规律。因为这些规律是基于大量企业的实践经验和成功案例总结出来的，它们为企业提供了一个关于如何打造战略能力的基本思路和方法。当企业决定打造某个特定的能力时，仍然应该参考这13条规律，确保其打造的能力是真正有助于其长远发展的，而不是仅仅基于某个短期的市场趋势或管理者的个人喜好。

总之，企业可以根据自身的实际情况选定需要打造的能力，但在打造这些能力的过程中，仍然应该遵循基础的13条规律，确保所打造的能力是真正有助于长远发展的。

03

能力的打造是否可以跨阶段实现

确定需要打造的战略能力是战略规划中的重要工作。在确定战略能力后，将其合理分配到不同阶段也同样重要。很多企业战略能力打造失败，就是因为在将战略能力分配到不同阶段这一环节出现了问题。

根据 13 条基本规律确定好自身需要打造的能力后，企业便要将这些能力分配到企业发展的不同阶段之中。之所以要这么做，是为了能够分阶段、有计划地打造各种战略能力。在这一过程中，常出现的问题有两个，一是将需要打造的能力分配错了阶段，二是无法确认一些特殊的战略能力是否可以进行跨阶段打造。

一、能力分配是否必须按照规定顺序进行

许多企业管理者都曾咨询过战略能力分配的问题，即在做能力分配时，是否一定要按照建议将某些能力分配到特定阶段之中？其实这个问题属于理论与实践之间差距的问题，理论具有普遍性，而实践则具有特殊性，需要用理论去指导实践，却不能盲从于理论，要考虑实践中遇到的特殊情况。

具体来说，在能力战略打造理论中，将战略能力分配到不同阶段时，会有一个参考，即这些能力应该分配到第一阶段，那些能力应该分配到第二阶段。**这种分配是秉承着由易到难、由简到繁、从基础到高级的原则的**，企业只有先将容易打造的能力实现，才能再去攻克不容易打造的能力。

但实践中总会有一些特殊情况，会对能力打造的顺序产生一定影响，即一些企业需要先打造复杂的能力，再去打造简单的能力。只要这种改变确实符合企业战略能力打造的需要，符合企业自身的实际情况，那便是可以的。

不过，在做出这种调整时，企业必须要论证好计划在某一阶段打造的能力，是否在前一阶段已经具备了先决条件。如果某些基础能力还未打造，就盲目去打造高级能力，那就很容易出现问题，进而导致整个战略执行的失败。

二、能力打造是否可以跨阶段实现

在战略规划制定过程中，战略能力的打造是可以跨阶段来实现的。也就是说，企业在第一阶段中设定了要打造某一能力，在此后的第二阶段、第三阶段中同样可

以设定要打造这一能力。不过，需要特别注意的是，在对需要打造的能力进行描述时，必须要明确说明在**不同阶段对同一能力打造的区别在哪里**。

简单来说，企业可以选择在不同阶段中打造同一种能力，但不同阶段要打造的这同一种能力要存在明确的区别。下面以"提升全员的全面质量意识的能力"来对这一问题进行详细说明：

一家企业想要打造"提升全员的全面质量意识的能力"，但这家企业此前从未进行过这方面能力的打造，因此，其需要在一个五年战略规划中，分阶段、分层次地打造这一能力。

首先，在第一个财年的年度经营计划中，该企业将"提升全员的全面质量意识的能力（初级水平）"作为需要打造的能力，其打造目标是确保全员的全面质量意识达到基本的及格水平。

其次，在第二个财年的年度经营计划中，该企业将"提升全员的全面质量意识的能力（中级水平）"作为需要打造的能力，其打造目标是使全员的全面质量意识达到良好水平。

最后，在第三个财年的年度经营计划中，该企业将"提升全员的全面质量意识的能力（高级水平）"作为需要打造的能力，其打造目标是使全员的全面质量意识达到优秀水平。

由于三个阶段所要打造的"提升全员的全面质量意识的能力"的目标不同，所以从这一能力分解而来的具体策略也会有所不同。比如，在第一阶段，"提升全员的全面质量意识的能力"分解出的策略为"建立全面质量意识培训体系"；而到了第三阶段，"提升全员的全面质量意识的能力"分解出的策略就变成了"完成先进质量管理体系的引入"。

总之，能力打造可以跨阶段实现，但每个阶段都要有其特定的目标和要求。只有明确了这些目标和要求，企业才能确保在每个阶段中需要打造的能力都顺利分解为策略，并在后续被确立为具体的项目。

04

单一阶段内的策略有数量限制吗

在将战略能力分解为具体策略时,企业除了可能会在策略描述方面遇到问题外,还可能会在策略数量上遇到问题。一个战略能力分解为多少条策略才合适?一个阶段内的策略数量是否存在限制,这些都是企业管理者在能力战略打造实操中经常会提到的问题。

在能力战略打造过程中，企业在将战略能力分解为具体策略时经常会遇到一些问题，这不仅涉及策略的描述问题，还涉及策略的数量问题。很多企业在制定策略时，往往会疑惑：在一个阶段内，应该制定多少条策略才合适？

在企业战略管理过程中，策略的数量和质量都是至关重要的。过多的策略可能会导致资源分散，执行力下降，而过少的策略又可能无法全面覆盖企业的战略目标，导致重要的战略能力无法成功被打造。

一般来说，由一个战略能力分解而来的策略数量在三条到五条较为合适，当需要打造的战略能力较为复杂时，分解出的策略数量就可以多一些；而当需要打造的战略能力较为简单时，分解出的策略数量就可以少一些。不过，需要注意的是，**在将战略能力分解为具体策略时，一定要注意策略要描述的是需要完成哪些具体的事情，而不是如何实施这些事情**。一些企业为了让策略显得更加"清晰"，会将策略制定得很烦琐、很细致，这不仅不会让战略能力打造变得更加容易，还会影响年度经营计划中的项目立项。

策略的数量不是一个固定的数字，而是需要根据企业的实际情况进行灵活调整。关键是确保每一个策略都有明确的目标，能够得到足够的资源支持，并与企业的整体战略目标相一致。

战略型项目虽然在当年的经营目标中不作为主导，但它对于企业未来五年乃至更长时间的战略目标实现却至关重要。这些项目的目的并不是当年就看到明显的成果，而是为了在未来的几年中逐步实现既定的目标，为此需要在当年做好哪些准备。

对于那些还未引入量化管理模式的企业，它们往往没有战略型项目。只有当企业建立了完整的量化管理体系，才能围绕长期战略目标制定相应的战略型项目。在实际操作中，一个财年内的战略型项目在年度经营计划中的占比通常较低，大约只有 10%。这也意味着，如果一个企业在一个财年内总共确定了 100 个项目，那么其中的战略型项目数量大约只有 10 个。

由于策略与战略型项目是一一对应的，这也就意味着，在一个阶段内，由战略能力分解而来的策略数量也应该控制在 10 个左右。这样的数量既能确保策略的质量和深度，又能保证策略的执行效率和效果。

总之，企业在制定策略时，不仅要注重策略的质量和深度，还要控制策略的数量，确保策略能够有效地支持战略型项目的实施，从而实现企业的长远战略目标。

05

阶段化评价标准中的四个指标有主次吗

在阶段化评估标准制定环节，为各个评估标准设定具体指标是一项重要且存在挑战的工作，企业不仅要依靠能力战略打造相关理论方法，还要对自身实际情况进行深入剖析。除此以外，企业还需要根据当前所处阶段及具体需求，有选择地对四个评价指标进行排序。

在企业的战略规划中，评估标准（measurement）是关键的一环，它为每个阶段目标（goal）提供了明确的衡量标准。这些标准主要包括四个核心指标：销售收入、利润率、人均利润和品牌资产。这些指标不仅为企业提供了客观的评估依据，还能够帮助企业更好地理解自身的经营状况和市场地位。

然而，这四个指标并不是孤立存在的，它们之间存在一定的关联性和先后次序。这一次序并不是固定不变的，而是需要根据企业所处的发展阶段和具体需求来确定。

一、生长期的评价标准排序

如果当前阶段为生长期，销售收入无疑是企业最应重视的指标。这是因为在生长期，企业的主要目标是迅速占领市场，扩大其业务规模和影响力。销售收入的增长不仅代表了市场的认可，还意味着企业的产品或服务正在被更多的消费者所接受。在这一阶段中企业往往需要投入大量资源进行市场推广、产品研发和渠道拓展，以确保销售额的持续增长。

紧随其后的应是利润率指标。尽管销售收入增长是企业处于生长期的首要任务，但盈利能力仍然是企业生存的基础。利润率能够直观地展现出企业在销售过程中的盈利能力，它反映了企业的成本控制、定价策略以及运营效率。一个健康的利润率意味着企业在追求销售增长的同时，也能保证其经济效益。

人均利润从另一个角度展现了企业的运营效率，它考察的是每位员工为企业创造的经济价值。在生长期，企业可能会迅速扩张团队，人均利润能够帮助企业监控员工的生产力，确保团队规模的扩张不会引发效率的下降。

至于品牌资产，虽然在生长期它可能不是企业的首要考虑，但它的重要性仍然不容忽视。品牌资产代表了市场对企业及其产品的认知和信任。一个强大的品牌能够为企业带来更高的客户忠诚度，降低市场推广的成本，并为企业在未来的发展中创造更多的机会。因此，即使在生长期，企业也应该注重品牌建设，以便为未来的稳定发展打下坚实的基础。

二、收藏期的评价标准排序

当进入收藏期后，企业的发展速度可能会放缓，此时企业的核心任务是确保并提高盈利能力。因此，利润率成了这一阶段中最为关键的指标，应该排在第一位，因为它直接反映了企业的经营效益和成本控制能力。在这一阶段，企业可能会面临成本上升、市场竞争加剧等挑战，如何在这些挑战和压力下维持甚至提高利润率，成了企业的首要任务。

人均利润在这一阶段同样显得尤为重要，应该放在第二位，它不仅代表了员工的工作效率，还反映了企业的整体运营效率。在收藏期，企业可能会进行一系列的优化和重组，以降低成本和提高效率。而销售收入，虽然仍然重要，但其增长速度可能会放缓，企业更多是在维护现有的市场份额，而不是积极扩张，因此可以将其排在第三位。至于品牌资产，虽然在这一阶段可能也不是首要的关注点，但它的价值仍然不可忽视。一个稳固的品牌形象能够帮助企业在竞争激烈的市场中维持其地位，吸引和留住客户。

总体来说，这四个指标的排列次序是灵活的，需要企业根据自身的实际情况和市场环境来进行调整。但无论如何，这些指标都为企业提供了一个清晰和客观的评估体系，帮助企业更好地实现其战略目标。

06

无法成功打造能力时是否可以调整战略

在企业发展过程中，战略是指导企业前进方向的灯塔。但随着时间的推移和外部环境的变化，原定的战略可能不再适应当前的市场环境和企业的实际情况。因此，当企业发现选定的战略能力无法成功打造时，是否应该及时调整战略，便成了企业面临的一个重要问题。

在战略落地过程中，选定的战略能力无法成功打造的问题是较为普遍的。在这种情况下，有的企业会选择将一切推倒重来，重新选定战略能力；有的企业则会放弃战略能力的打造，选择继续向前推进工作。这两种做法都存在一定的问题，企业真正应该做的是科学有序地修订、调整战略。

企业不能因为一时的困难或挑战就轻易放弃原定的战略。因为战略的制定是基于企业的长远发展和市场定位，不应该因为短期的困难而轻易改变。但同时，企业也不能盲目地坚持一个明显不适应当前环境的战略，这样只会导致企业的资源浪费和市场地位的丧失。

因此，当企业发现选定的战略能力无法成功打造时，首先应该进行深入的分析，找出问题的根本原因。是因为外部环境的变化，还是因为企业内部的问题？是因为战略的制定不够科学，还是因为战略的执行存在问题？只有找到了问题的根本原因，企业才能够制定出有效的解决方案。

如果问题是由于外部环境的变化导致的，那么企业在战略回顾时应该对战略进行适当的修订和调整，以适应新的市场环境。但这种修订和调整，必须要经过企业的战略管理委员会的确认，确保调整后的战略仍然能够指导企业实现其长远的发展目标。

如果问题是由于企业内部的原因导致的，那么企业首先应该解决内部的问题，如提高员工的执行能力、优化组织结构等，而不是轻易改变战略。

总之，当企业发现选定的战略能力无法成功打造时，应该根据实际情况进行科学有序修订和调整，确保战略仍然能够指导企业实现其长远的发展目标。但在这个过程中，企业必须要确保战略的调整是经过深入分析和审核的，不能随意改变。

附　录

知行合一，能落地的战略

在当今快速变化的商业世界中，理解并实施有效的战略比以往任何时候都更加关键。面对日益激烈的市场竞争和不断变化的经济环境，企业不仅要知道如何规划战略，更重要的是要知道如何才能将其落到实处。这正是本书创作的初衷：不仅让企业管理者理解战略规划的方法，还确保这些战略能够在企业的日常运作中得到有效执行。

明代思想家王守仁认为，认识事物的道理与实行其事是密不可分的，只要做到"知行合一"，便可以将一件事办得更好、更成功。企业制定战略规划也要做到"知行合一"，既要深刻理解战略背后的理论、规律和方法，还要知道如何在多变的市场环境中有效实施这些战略。

一、知为行之始

基于能力制定的战略：战略的制定通常基于企业的梦想或具体目标，战略的成功则往往依赖于某些必要条件，这些条件有时会以机遇的形式出现。然而，即使出现了能够助力战略实现的机遇，企业也必须具备足够的能力来把握这些机遇。

由于机遇的发生很难被精确预测，仅仅依赖机遇来制定战略，就像赌博，存在巨大的风险。任何一点误判都可能导致整个战略的失败。与此相反，基于能力制定的战略更加稳健。这种战略的重点不在于预测未来可能出现的机遇，而在于培养和增强企业自身的能力。只要企业的能力足够强大，无论何时出现机遇，都有能力去抓住它，从而实现既定的目标。

这种基于能力制定的战略，将企业的长远目标和阶段性目标同能力的打造紧密联系起来。在制定战略时，企业的核心考虑会转变为评估和加强实现这些目标所需的关键能力。通过这种方式，企业不仅能够适应当前市场的需求，还能够为未来的不确定性做好准备，确保在机遇出现时能够有效应对。

企业发展的 13 条规律：在制定战略的过程中，理解并应用 13 条规律至关重要。正如彼得·泰尔通过七个关键问题指导了其成功的投资生涯一样，这些规律也能帮助管理者明确企业当前所处的位置、面临的挑战，并据此调整或制定科学的战略规划，确保企业发展沿着正确的轨道前进。

首先，对这些规律的学习要基于一个基本出发点：坚持以能力打造为核心的战略，并全面考虑企业发展的整个生命周期。科学的战略规划不是基于对企业面临的某一问题或某一流程的理解，而是基于对企业运营底层逻辑的全面理解。

接下来，要深刻了解这 13 条规律之间的关系及其应用。企业的发展类似于生命体的成长，经历不同阶段，每个阶段都有独特的挑战和需求。因此，应用这些规律时，企业需要根据自己所处的发展阶段进行有针对性的分析和调整。

理解这些规律的重要性，遵循这些科学的企业发展规律，管理者才能制定出既科学又符合企业特性的战略，引导企业走向成功。

战略规划的制定流程：战略规划的制定开始于设定企业的远景、使命和价值观。这些要素不仅定义了企业的目标和存在的意义，还形成了企业文化和行为的基础。这之后，制定战略目的，将远景和使命转化为具体、可量化和可执行的目标。这个步骤可以确保所有战略行动朝着统一方向努力。

接下来，选择适当的规律并确认需要建设的能力。企业需要评估现有能力，分析这些能力与战略目标之间的匹配度，并识别出能力缺口。这样，企业就可以明确哪些能力需要强化或建立，以实现战略目标。然后，企业需要将这些能力分配到不同的战略阶段，并为每个阶段设定具体目标。

随后，通过制定策略合集，企业要将需要打造的能力分解为具体的策略，并形成一套完整的可执行策略合集，为后续年度经营计划的制订及项目立项做好准备。最后，制定阶段化评估标准，通过设定具体、可量化的评估标准，定期检查战略目标是否顺利实现。

整个流程可以确保企业从清晰的远景出发，通过具体的目标和策略，逐步实现其战略远景。如此一来，企业这艘航船便能够在充满不确定性和机遇的时代，稳健地航行。

二、行为知之成

战略保障机制的建立：战略保障机制的建立是确保战略顺利执行的关键环节，这一机制以战略管理委员会为中心，负责整个战略实施过程的管理和支持。委员会的工作贯穿战略规划的所有阶段，包括战略项目的制定、启动、执行和收尾。

在制定阶段，委员会主要负责制定战略项目和相关管理规定的制定。在启动阶段，委员会的工作重点会转移到战略项目的宣导和员工培训上。执行阶段，委员会着重监控项目进展，提供反馈，并进行评估和调整。最后，在项目结束时，委员会负责总结和评估。

战略保障机制通过战略管理委员会的有效运作，为企业战略的顺利执行提供了必要的结构和支持。这个机制确保了战略规划从制定到实施的每个阶段都得到适当的关注和管理。通过这样的战略保障机制，企业不仅能够保证战略规划的有效实施，还能促进各部门之间的协调和合作，从而提高整个组织的战略执行力和成功率。

战略规划的回顾与修订：战略的回顾与修订是确保战略有效执行并及时调整的重要环节。这一环节的关键在于定期审查已实施的战略，识别任何出现的问题或新的机会，并据此更新或调整战略。

想要做好战略回顾，要先确定好回顾的时间、参与者和会议的具体安排，然后再召开战略回顾会议。在战略回顾会议中，委员会成员将集中讨论战略的实施情况，确定是否需要对战略进行调整，并制订相应的行动计划。完成会议后，委员会负责更新战略规划，并确保这其中的内容得到适当的实施。

总的来说，战略的回顾与修订是一个持续的过程，它帮助企业确保战略的有效实施，并能够灵活应对市场和环境的变化。

量化管理模式下的战略管控体系：想要让战略执行过程更加顺畅，让战略更高效落地，在量化管理模式下建立战略管控体系就是十分必要的。做好这一点的关键，在于将量化的方法和思维应用于企业战略的执行和监控。这意味着企业需要将战略目标和行动转化为可量化的指标和标准，以便更科学、精确地评估和调整战略的执行过程。

在量化管理模式下，企业建立战略管控体系时，还必须结合自身的特点和实际情况。每个企业都有其独特的属性和环境，因此不能简单地复制他人的战略管理模式或体系。企业需要根据自己的特性和需求，定制适合自己的量化管理体系。

量化管理并不是简单地给管理活动设置条条框框的限制，而是要用系统的量化思维来全面梳理和整合企业的战略管理活动。这种方法需要企业全面考虑自身的特质，用量化的方法和工具，比如年度经营计划、项目管理方法，来优化管理流程，从而形成一套符合企业自身特点的战略管理方案。

想要实现长远的战略目标，企业必须要做到"知行合一"，以理论指导行动，用行动来实践成功。为此，企业必须要做出改变，改变原来的工作方式，改变原来的思维方式，如果觉得改变困难，可以从改变一个小的工作方法开始，一点一点去适应，最终引发质的改变。

战略规划模板及使用说明

战略规划模板是制定战略规划经常会用到的辅助工具，借助它，企业可以将战略规划中的具体内容一一呈现出来，清晰明了，简洁易懂。

下面便是一个战略规划模板以及具体的使用说明：

××公司20××—20××年战略规划

一、关于本战略规划的说明：
（此处主要写制定该战略规划的原因）

二、战略委员会：
战略委员会主任：
战略委员会委员：
战略委员会秘书：

三、企业远景（vision）：
（此处要对企业远景进行描述）

四、企业使命（mission）：
对客户：
对股东：
对员工：
对合作伙伴：
对社会：

五、企业价值观（value）：
（此处要对企业价值观进行描述）

六、本阶段需要实践的战略规律及能力：
（此处要对选择的战略规律及需要打造的能力进行说明）

七、公司战略OGSM：

战略目的（objective）：

　　1.实现销售额×元

　　2.成为×行业前×强

　　3.人均利润率达×元/人

阶段目标（goal）&执行策略（strategy）&评估标准（measurement）：

阶段目标（goal）	执行策略（strategy）	评估标准（measurement）
第一阶段——××阶段（20××.×.×—20××.×.×） （注明本阶段主题）		
1.本阶段收入平均增速：××% 2.本阶段完成以下能力打造： ——打造×××（××规律） ——打造×××（××规律） 3.本阶段策略数： ——20××年需完成策略××条，需同步开展策略××条	20××年共×条，其中： <u>本年度需完成（×条）</u> 【打造×××××（××规律）】 1.××× <u>本年度需同步开展（×条）</u> 【打造××（×××规律）】 2.××× 3.×××	20××年 1.销售到账金额：≥××亿元 2.营业收入：≥××亿元 3.净利润：≥×××万元 4.税后净利润：≥×××万元 5.人均利润：≥××万元（××人） 6.品牌资产：≥×亿元

阶段目标（goal）	执行策略（strategy）	评估标准（measurement）
第二阶段——××阶段（20××.×.×—20××.×.×） （注明本阶段主题）		
1.本阶段收入平均增速：××% 2.本阶段完成以下能力打造： ——打造×××（××规律） ——打造×××（××规律） 3.本阶段策略数： ——20××年需完成策略××条，需同步开展策略××条	20××年共×条，其中： <u>本年度需完成（×条）</u> 【打造×××××（××规律）】 1.××× <u>本年度需同步开展（×条）</u> 【打造××（×××规律）】 2.××× 3.×××	20××年 1.销售到账金额：≥××亿元 2.营业收入：≥××亿元 3.净利润：≥×××万元 4.税后净利润：≥×××万元 5.人均利润：≥××万元（××人） 6.品牌资产：≥×亿元

阶段目标（goal）	执行策略（strategy）	评估标准（measurement）
第三阶段——××阶段（20×．×．×—20×．×．×） （注明本阶段主题）		
1.本阶段收入平均增速：××% 2.本阶段完成以下能力打造： ——打造×××（××规律） ——打造×××（××规律） 3.本阶段策略数： ——20××年需完成策略××条， 需同步开展策略××条	20××年共×条，其中： **本年度需完成（×条）** 【打造×××××（××规律）】 1.××× **本年度需同步开展（×条）** 【打造××（×××规律）】 2.××× 3.×××	20××年 1.销售到账金额：≥××亿元 2.营业收入：≥××亿元 3.净利润：≥×××万元 4.税后净利润：≥×××万元 5.人均利润：≥××万元（××人） 6.品牌资产：≥×亿元

战略管理制度模板

制定战略规划是企业的重要任务，它为企业的生产和经营活动提供了方向。想要让战略规划顺利落地，不仅依赖于一个专业的高级管理团队，而且需要一个全面完善的管理制度作为支撑。

为了辅助企业建立和优化自己的战略管理体系，这里有一套具有普适性的战略管理制度模板供参考。企业可以根据自己的具体需求和情况，对这个框架中的条款进行定制、完善和补充，从而形成一套规范化、适合自身特点的战略管理制度。

企业战略管理规定
××有限公司
20××年×月
战略管理委员会主任盖章及签字：
目　录
第一章　总则 第二章　战略管理委员会职权 第三章　战略规划制定 第四章　战略规划落实 第五章　附则
第一章　总则
第一条　为维护×××有限公司（以下简称公司）战略规划管理秩序，根据公司制度，特制定本规定。 第二条　在公司范围内，从事战略规划制定与落实工作，应当遵守本规定。 第三条　本规定由战略管理委员会或监察部门执行监督。监察人员应依照本规定执行监督、如实汇报。若有隐瞒、谎报违规情况，计1次违反公司制度。 第四条　现阶段由公司最高领导者兼任战略管理委员会主任（以下简称"主任"）一职。

第二章　战略管理委员会职权

第五条　战略管理委员会成员，在战略管理中行使下列职权：

1. 主任
- 任免委员、主任秘书；
- 制定、修订战略规划；
- 审批战略规划；
- 参与战略规划的回顾与修订会议；
- 修订、解释、审批战略管理规定与配套流程；
- 颁布与宣导战略规划、战略管理规定与配套流程。

2. 委员
- 制定、修订战略规划；
- 审核战略规划；
- 参与战略规划的回顾与修订会议；
- 修订、审批战略管理规定与配套流程。

3. 主任秘书
- 组织战略规划的制定、回顾与修订会议；
- 组织战略规划、战略管理规定与配套流程的颁布与宣导会议；
- 记录、整理、提交战略规划的研讨内容；
- 记录、整理、提交战略管理规定及配套流程的研讨内容。

当出现以下情形时，将对上述相关人员进行撤换：
- 已离开公司，如年满退休、外调等；
- 未离开公司，但无故不履行相应的义务与职责。

第三章　战略规划制定

第六条　主任秘书负责组织主任、委员制定战略规划，在本阶段战略规划结束 x 个月前必须开展下一阶段的战略规划制定工作。

第七条　在本阶段战略规划结束 x 个月前，主任必须确定下一个阶段战略规划。

第八条　制定战略规划以研讨的形式为主。主任秘书在战略规划研讨会召开 x 个工作日前必须以书面的形式通知主任、委员。

第九条　制定战略规划期间，参会人员有以下义务：

1. 按时参加会议，因故不能与会者，需提前向会议主持人请假并获批准；
2. 应认真准备会议所需资料，审议会议提交的各项议案和材料；
3. 保持良好的会议秩序，会议期间参会人员一般不处理其他公务；
4. 应本着为公司负责的态度谨慎进行研讨及决策；
5. 必须增强保密意识，对会议讨论中与会人员发表的意见及会议视频，未经授权不得外传。会议印发的文件、资料等，均要妥善保管。

第四章　战略规划落实

第十条　公司一级部门负责人及以上成员，享有对战略规划的知情权。战略规划定稿后×个月内，主任必须以宣导会议的形式告知上述相关成员。

第十一条　战略规划的落实，主要通过公司年度经营计划对战略策略立项（战略型项目）。制订公司年度经营计划时，应优先考虑战略规划的落实。

第十二条　主任秘书负责定期组织战略规划回顾工作，即每财年制订年度经营计划时必须首先完成战略规划的回顾会议。

第十三条　战略回顾出现以下情况时，主任秘书必须在××个工作日内组织完成战略规划修订工作：

1.战略规划中的阶段目标提前/推迟实现时；

2.战略规划中的策略提前/推迟实现时；

3.内外部环境发生巨大变化，影响公司战略方向时。

第十四条　当战略规划出现任何修订时，主任秘书必须在修订后的×个工作日内以书面形式提交主任、委员。

第十五条　当战略规划出现更新后，主任秘书必须在更新后的×个工作日内将更新版的战略规划提交主任、委员。

第五章　附则

第十六条　本规定由主任负责修订、解释和审批。

第十七条　本规定于20××年×月×日发布后开始实施。

年度经营计划模板

年度经营计划模板是企业制订年度经营计划时的重要辅助工具，借助它，企业可以将年度经营计划的内容展现得更为清晰，让执行各方更容易理解年度经营计划的具体内容。

下面便是一个完整的年度经营计划模板：

_____公司××××年年度经营计划模板

一、背景与战略回顾

本文件的制定旨在明确_____公司××××年的工作内容，其中包括公司年度目标与预算上限、年度策略、需求传递、年度公司项目列表和时间排期、项目数量与预算汇总表及年度经营计划的应用。总经理对年度总目标和总预算负责，部门负责人有权对本部门年度计划的项目进行整体统筹。

经战略回顾，公司××××年为战略期，主题是：_____。

本文件适用于_____公司。

本文件自总经理与部门负责人签名当日起生效。

本文件的解释权归_____公司。

总经理签名： 　　　　　　　各部门负责人签名：

日期： 　　　　　　　　　　日期：

二、公司年度目标与预算上限

1.本财年销售收入（人民币）：_____元。

按___月___日至___月___日到账金额为准。

2.本财年总支出预算上限（人民币）：_____元。

即，占××××年度销售预计收入目标的__%。

其中：

1）上述预算支出的__%（____元）作为实施年度经营计划的经费支出。

2）总预算支出的__%（____元）作为预留费用，由总经理调配支出。

三、年度策略

类别	关键问题	策略	所属部门

四、需求传递

内部需求列表

提需求部门	接受需求部门	需求	实例

战略改善项目需求列表

接受部门	问题/改善型项目需求传递	问题/需求解决		需求部门
^	^	项目	项目目的	^

五、年度公司项目列表和时间排期

1. _____ 部门

项目编号	项目类型	项目背景	项目名称	项目目的与目标	项目经理	起止时间	项目预算

2. _____ 部门

项目编号	项目类型	项目背景	项目名称	项目目的与目标	项目经理	起止时间	项目预算

3. _____ 部门

项目编号	项目类型	项目背景	项目名称	项目目的与目标	项目经理	起止时间	项目预算

4. 总经办

项目编号	项目类型	项目背景	项目名称	项目目的与目标	项目经理	起止时间	项目预算

六、项目数量和预算汇总表

类型	公司							汇总	
	部门	部门	部门	部门	部门	部门	总经办	项目数量	项目预算（元）
常规型									
改善型									
战略型									
合计									

七、年度经营计划的应用

年度经营计划用来指导年度工作，项目经理在执行项目过程中应严格遵守项目管理规定，部门项目总监对部门内各项目进行监控，总经办每月抽查项目执行情况，并组织核心资源召开年度经营计划监控会议，保证年度经营计划的顺利实施。

年度经营计划应在遇到以下情况时提出修改：

1.市场中心负责人在年度经营计划监控会议上提出并一致决议修订策略；

2.部门负责人在年度经营计划监控会议上提出并一致决议调整项目名称、目的与目标、预算、起止时间、项目经理。

_____公司
_____年__月

年度经营计划管理规定模板

想要年度经营计划得到切实执行,企业需要制订相应的年度经营计划管理规定。对于大多数第一次开展这一工作的企业,可以根据自身实际情况,参照下列年度经营计划管理规定模板来制订自己的年度经营计划管理规定。

年度经营计划管理规定
××有限公司 20××年×月 总经理盖章及签字:
第一章 总则 第一条 为维护×××有限公司(以下简称公司)年度经营计划管理秩序,根据公司制度,特制定本规定。 第二条 在公司范围内,从事年度经营计划制订与落实等工作,应当遵守本规定。 第三条 本规定由监察部门执行监督。监察人员应依照本规定执行监督并如实汇报。如有隐瞒、谎报违规情况,计1次违反公司制度。 第四条 本规定中所适用的规范请参见附件表单,不按规范填写或填写缺漏计1次违规。
第二章 年度经营计划制订 **战略回顾** 第五条 市场部负责人组织召开战略回顾会议,在年度经营计划项目启动后5个工作日内必须召开战略回顾会议,每延迟1个工作日计1次违规。 第六条 战略回顾会议结束后5个工作日内,总经理按规范(A-01)确定书面的战略型策略[1]并提交至市场部负责人,每延迟1个工作日计1次违规。 **目标制定** 第七条 总经理负责年度经营计划目标的制订,在项目启动后10个工作日内,总经理按规范(A-02)确定书面的年度目标并提交至市场部负责人[2],每延迟1个工作日计1次违规。 **策略制定** 第八条 在年度目标确定后45个工作日内,市场部负责人按规范(A-03)确定本年度改善型策略,每延迟1个工作日计1次违规。
1.战略规划中提及的当年策略 2.通常由市场部总监担任年度经营计划项目经理

部门立项

第九条　年度经营计划项目启动后20个工作日内，部门负责人按规范（A-04）提交本部门的常规型项目的立项成果至市场部负责人，每延迟1个工作日计1次违规。

第十条　部门负责人在接到书面的改善型策略后10个工作日内，按规范（A-05）提交本部门的改善型项目的立项成果至市场部负责人，每延迟1个工作日计1次违规。

第十一条　部门负责人在接到书面的战略型策略后10个工作日内，按规范（A-06）提交本部门的战略型项目的立项成果至市场部负责人，每延迟1个工作日计1次违规。

第十二条　部门负责人按公司财务管理规定填写各个项目的预算明细，详见《财务管理规定》，如缺漏计1次违规。

需求传递

第十三条　前端部门负责人[3]在接到书面的需求传递通知后的5个工作内，按规范（A-07）填写需求传递单并提交至市场部负责人，每延迟1个工作日计1次违规。

第十四条　后端部门负责人[4]在接到书面的前端部门需求的5个工作日内，提交针对前端部门的立项解决方案至市场部负责人，每延迟1个工作日计1次违规。

定稿

第十五条　各部门负责人必须在下一财年开始前的10个工作日前，与总经理对本部门的下一年度所有项目达成一致，签字确认后提交至市场部负责人，每延迟1个工作日计1次违规。

3.市场部、客户部、研发部、顾问部

4.人力资源部、财务部、行政部

第三章　年度经营计划落实

年度经营计划调整

第十六条　市场部负责人负责年度经营计划策略的调整工作，当年度经营计划监控会议决议需修订策略时，市场部负责人必须在会议后10个工作日内修订年度经营计划策略并提交至总经理，每延迟1天计1次违规。

年度经营计划监控

第十七条　部门负责人有义务推动年度经营计划的落实，在月度监控会议召开的2个工作日前必须按规范（A-08）提交监控会议资料至总经办负责人，每延迟1天计1次违规。

第十八条　总经办负责人[5]负责监督公司年度经营计划落实工作，在月度监控会议召开的1个工作日前必须按规范（A-09）提交月度监控报告至总经理，每延迟1天计1次违规。

第十九条　部门负责人必须参与每次监控会议，无故缺席计1次违规。

第二十条　部门负责人必须按规范（A-08）汇报本部门监控情况，包括正在进行的项目、申请变更的项目、结束的项目、问题与建议，不按规范汇报计1次违规。

第二十一条　部门负责人必须落实监控会议后的下一步工作安排，在指定时间内未完成且未与总经理沟通变更时间的，计1次违规。

5.总经办负责人或总经理指定的负责人

第四章　附则

第二十二条　本规定的修订权和解释权归公司总经理。

第二十三条　本规定于20××年×月×日起施行。

规范编号	规范名称	规定中的条款
A-01	战略型策略表单	第六条
A-02	年度目标表单	第七条
A-03	改善型策略表单	第八条
A-04	常规型项目表单	第九条
A-05	改善型项目表单	第十条
A-06	战略型项目表单	第十一条
A-07	需求传递表单	第十三条
A-08	月度监控例会	第十七条；第二十条
A-09	月度监控报告	第十八条

立项表模板

在确定好需要打造的能力,并将其分解为具体的策略后,企业需要在年度经营计划中将这些策略确立为一个个具体的项目。此时,使用立项表来规范整个立项活动,就显得十分重要。

立项表也叫项目列表,是一张辅助立项的表格,要按照规范要求去完成,其主要包括项目编号、项目名称、项目背景、目的和目标、项目预算、起止时间等内容,具体如下:

结构	说明
项目编号	一般为【部门缩写+年份+"-"+项目类型缩写+序号】
项目名称	一般为【时间+范围+宾语+动词】
项目背景	对项目所解决的问题进行量化描述,说明存在的现状、解决的依据、达成的结果,一般为【现状描述+根因描述+项目价值】
项目目的	用关键词描述项目达成的状态,一般为【维度+程度描述】
项目目标	项目目的的近似量化描述
项目预算	预估的项目现金支出
起止时间	预估项目正式开始及结束时间
项目经理	对项目结果负责,并拥有项目内最高管理权的唯一项目责任人
用时	预估项目核心成员耗费的工作用时
技术/培训需求	公司目前不具备的技术水平
优先级	项目对年度目标的重要性排序

需要注意的是,上表中的"项目背景"一项要根据项目来源、项目应解决问题及项目完成后收益的思路来填写,一般采取"现状概述 + 根因概述 + 项目价值"这种三段论格式来描述。

填写项目预算和起止时间时，要进行部门内部的讨论，将讨论形成的一致结果填进去。以下是某企业市场部某一项目的立项表（SC 是市场部的缩写，GS 是改善型项目的缩写）：

\multicolumn{2}{c	}{2023年度门店盘点、次品处理、填货与调拨流程建立项目立项表}
项目编号	SC2023-GS003
项目名称	2023年度门店盘点、次品处理、填货与调拨流程建立项目
项目背景	**现状描述：** 1.补货需求全由店长根据库存数据提出，这样容易出现补货不及时的情况，2022年5月、10月就因补货不及时造成产品断货，合计断货160SKU（库存量单位），占全店SKU的10.66% 2.门店收货和残次品处理的效率低，每个月都无法按时完全产品入库和数据统计 3.10次门店抽查，有6次都出现库里有货但货架没货的情况 4.门店账面库存与实际库存有差异，这不仅影响库存管理的规范性，也造成了库存货值的损失，2022年3月A门店盘亏货值10 000元，占A店当月销售额的6%，6月B门店盘亏货值6 000元，占B店销售额的4% **根因描述：** 1.门店收货与次品处理没有制定相应的工作标准，都是根据店员的经验来操作，这导致了返工，拉低了效率 2.货物入库后不能及时更新库存，导致账面库存与实际库存不符 3.因为库存不准确，导致店长不能准确判断补货的时间和补货量 4.门店备用仓和排面仓库存目前仅凭经验进行管理，店员巡店发现货架卖空后才进行填货 **项目价值：** 通过建立门店盘点、次品处理、填货与调拨操作的SOP（一种标准化操作流程），将门店断货率降低到5%以下
项目目的	完成操作统一及时的、可执行的、断货率低的门店盘点、次品处理、填货与调拨流程建立
项目目标	1.完成"门店盘点、次品处理、填货与调拨"操作的SOP流程 ·完成参考流程制定 在2023年5月20日前完成"门店调拨"操作的参考流程；在5月31日前完成"门店填货""门店盘点""门店次品处理"操作的参考流程 上面所说的参考流程包括完成信息系统运行环境的开发，参考流程通过销售部、市场部、仓储事业部、财务部负责人的审核，并完成所有流程操作人员的当年宣导与学习签字确认 ·形成SOP流程 2023年10月20日前完成"门店调拨""门店填货""门店盘点""门店次品处理"操作的SOP流程 2.2023年9月20日前完成对SOP流程使用满意度的调研，调研结果要大于4分（分别对"操作说明易理解性""操作便捷性""数据准确性"进行调研，调研对象为各流程使用人员，调研人数不能低于该岗位的50%） 3.2023年7～9月，单家门店每月的商品"日均断货率"要小于5%（门店断货SKU数/门店在售所有SKU数）

项目预算	10万元
起止时间	2023年3月1日—2023年9月30日
项目经理	刘××
用时	600小时
优先级	A

后　记

　　本书的创作共耗时 13 个月，为这本书做准备的时间恐怕更多，书中的主要内容取自我在夸克书院进行管理咨询和培训时对于企业战略的研究，在写作的过程中，我又加入了一些新的思考和发现。

　　对于这本书的出版，我要感谢夸克书院团队和铁道出版社有限公司的编辑老师，虽然每个人在这个过程中参与的程度不尽相同，但他们对于我打造本书的内容乃至我对于能力战略理论的进一步研究，都给予了极大的启发。

　　在中国企业迈向科学化管理的今天，对于管理学的研究，尤其是企业战略管理的研究是一件非常有意义的事情，这也是我和夸克书院团队多年来一直坚持在做的。在我的咨询和培训中，很多企业学员都曾向我反馈，说我的战略理论给他们的企业带去了很大的正向改变，对此我非常欣慰。但我一直认为，我的能力战略理论只是一个引子，真正改变的是逐渐成长起来的中国企业家和管理者。我在将能力战略传递给你们的同时，你们也在影响着我对于能力战略的更进一步研究，你们的评价更鞭策我将能力战略传递给更多的中国企业。在这里，我更要对一直支持我的数十万客户和读者，表达诚挚的谢意。

王　磊

2024 年 1 月